Anselm Grün • Bernd Deininger

La fuerza transformadora de los sentimientos negativos

EDICIONES OBELISCO

Si este libro le ha interesado y desea que le mantengamos informado
de nuestras publicaciones, escríbanos indicándonos qué temas son de su interés
(Astrología, Autoayuda, Ciencias Ocultas, Artes Marciales, Naturismo,
Espiritualidad, Tradición…) y gustosamente le complaceremos.

Puede consultar nuestro catálogo en www.edicionesobelisco.com

Colección Psicología
LA FUERZA TRANSFORMADORA DE LOS SENTIMIENTOS NEGATIVOS
Anselm Grün / Bernd Deininger

1.ª edición: abril de 2020

Título original: *Von der verwandelnden Kraft negativer Gefühle*

Traducción: *Sergio Pawlowsky*
Corrección: *Sara Moreno*
Diseño de cubierta: *Coffeemilk*

©2018, Vier-Türme GmbH, Alemania
(Reservados todos los derechos)
© 2020, Ediciones Obelisco, S. L.
(Reservados los derechos para la presente edición)

Edita: Ediciones Obelisco, S. L.
Collita, 23-25. Pol. Ind. Molí de la Bastida
08191 Rubí - Barcelona - España
Tel. 93 309 85 25 - Fax 93 309 85 23
E-mail: info@edicionesobelisco.com

ISBN: 978-84-9111-576-2
Depósito Legal: B-6.618-2020

Impreso en España en los talleres gráficos de Romanyà/Valls S. A.
Verdaguer, 1 - 08786 Capellades - Barcelona

Printed in Spain

Introducción

En este libro trataremos de los llamados «siete pecados capitales», como los ha calificado y enseñado durante mucho tiempo la Iglesia Católica. La expresión es confusa. Según la teología católica, un pecado capital o mortal es un pecado consciente, absolutamente voluntario y grave frente a Dios. Pero lo que se entendía por los siete pecados capitales desde la Edad Media son peligros para la vida humana. Y como peligros para una vida lograda siguen siendo modernos.

Por eso, el psicoanalista Bernd Deininger y yo, que soy monje, decidimos contemplar esos peligros desde el punto de vista psicológico y espiritual. El psicoanalista se tropieza a menudo con ellos como deformaciones del ser de las personas y como expresión de la falta de madurez humana. Pero no juzga los pecados capitales en el plano moral. Sólo describe cómo ponen en peligro nuestro ser como humanos y cómo pueden enfermarnos.

Como monje que soy, parto de la tradición de los primeros monjes. Allí encontramos, en uno de los libros de Evagrio Póntico, los llamados nueve *logismoi*. Se trata de pensamientos emocionales, de pasiones con las que nos cruzamos y con las que tenemos que lidiar. Evagrio Póntico no juzga esos *logismoi* y sabe que encierran fuerzas positivas que el monje debe extraer de ellos. Pero también pueden dominarle. Entonces se convierten, por así decirlo, en demonios que asaltan al monje para someterlo a su poder. La lucha contra los demonios es una parte sustancial de la espiritualidad de los primeros monjes. Para ellos, los «demonios» no eran seres extraños como los que se presentan a menudo en películas y libros de ficción. Los monjes suelen llamar demonios a las pasiones para poder lidiar con ellas. No atribuyen la responsabilidad sobre sus problemas a los demonios, como hacen hoy algunos, que van de un exorcista a otro para que los libere de ellos. En su lugar, los monjes asumen la responsabilidad sobre sus pensamientos y sus pasiones emprendiendo el combate. Para luchar contra algo es preciso nombrarlo. Por eso los monjes calificaron de demonios a los *logismoi*. Sin embargo, no hablaban de posesión, como hacen actualmente personas que atribuyen la responsabilidad sobre su estado psíquico a otros seres.

Más conocida que la doctrina de los nueve *logismoi,* que sólo se describen en un único libro de Evagrio, es la doctrina de los ocho vicios, basada en el libro *Tratado práctico* de Evagrio. En este libro, él mismo también habla de *logismoi,* de pasiones y emociones, pero no de vicios. La palabra «vicio» significaba originalmente en alemán «ofensa, vergüenza, censura, defecto, falta». En el siglo XVI, el significado cambió a «pecado habitual, costumbre vergonzosa censurable». El sentido de «vicio» no tiene nada que ver con lo que describe Evagrio en su libro *Tratado práctico*. A Evagrio no le interesa que la persona expulse de su ser los *logismoi,* sino que aprenda a manejarlos de manera que no le dominen. Los *logismoi,* las pasiones, encierran una fuerza, una fuerza que el monje ha de aprovechar. El propósito de esta pugna es la liberación del apego patológico a las «pathe», las «pasiones». Se trata, por tanto, de un orden interior y de la depuración de emociones que enturbian el pensamiento.

Más tarde se reinterpretó la doctrina ascética de Evagrio para convertirla en la doctrina de los siete pecados capitales. Esto suena mucho más a moral que la descripción más bien psicológica de los *logismoi.* Evagrio observa con precisión los pensamientos y las emociones que surgen en el alma. Escribe: «Si un monje quiere tener un conocimiento de los demonios más crueles y familiarizarse con sus estrategias para adquirir experiencia en su arte monástico, debe observar sus propios pensamientos. También debe aprender a conocer la intensidad de sus pensamientos, sus períodos de declinación, sus subidas y sus caídas, su complejidad, su periodicidad, cuáles demonios hacen esto o aquello, cuál demonio sigue al otro, el orden de su sucesión y la naturaleza de sus asociaciones. Que se pregunte desde Cristo por las razones de estas cosas que ha observado» *(Tratado práctico,* 50). John Eudes Bamberger, abad trapense y también psicoanalista, interpreta estos pensamientos de esta manera: «El apartado antes citado, salvo la referencia a los demonios, también podría servir perfectamente de referencia práctica para alguien que se ocupa de la piscología clínica. Es el punto de arranque del psicoanálisis dinámico, que pone el acento en la observación minuciosa de los pensamientos más secretos y espontáneos, de cómo surgen y luego desaparecen, de qué los une entre sí y de cómo se comportan unos con otros» (Bamberger, *Tratado práctico,* 32s).

Bernd Deininger describirá primero el peligro respectivo desde el punto de vista del psicoanálisis. Aportará en todos los casos ejemplos para señalar concretamente cómo puede manejarlo una persona, cómo puede transformar la fuerza negativa en una fuerza vitalizadora.

Después intentaré yo dar una respuesta desde la espiritualidad. Emociona saber que el tema de los siete pecados capitales también desempeña un papel importante en el arte. Está la serie de ocho litografías de Alfred Kubin (1914), una serie de 16 hojas de Marc Chagall (1925) y la obra de Otto Dix (1933) sobre este tema. Por lo que se ve, en la primera mitad del siglo xx, esta cuestión estaba de gran actualidad en el arte. Los artistas sentían que estos siete pecados capitales ponían en peligro la vida en la sociedad. En los últimos años ha habido algunas exposiciones al respecto, con obras que iban desde Durero hasta Naumann.

Quiero referirme sobre todo a la ilustración de los siete pecados capitales del Bosco, quien pintó un cuadro sobre el tema en 1505 en forma de tablón de mesa. El Bosco utilizó símbolos y asociaciones para cada pecado, que no sólo empleaba él, sino toda la tradición artística desde la Edad Media con los distintos pecados mortales.

Anselm Grün
Bernd Deininger

Envidia

Bernd Deininger

No cabe duda de que la envidia desempeña un papel importante en nuestra vida y se manifiesta de distintas formas en la vida cotidiana, a veces con más intensidad, a veces con menos. Precisamente en las relaciones más cercanas, por ejemplo en los contactos con amigos, familiares, vecinos y compañeros de trabajo, el sentimiento de envidia crece en nuestro interior y, a menudo, por mucho que queramos, no podemos reprimirlo.

Sobre todo cuando en muestra propia individualidad y nuestro mundo emocional no nos sentimos respetados ni contemplados en aquello que constituye nuestra personalidad, puede surgir una sensación de vergüenza que amenaza nuestra existencia y puede destruirnos. Esta vergüenza puede provocar dolores interiores insoportables que después generan envidia, celos y antipatía. La sensación de no ser querido ni atendido puede convertirse en una humillación tan abrumadora que el individuo no puede liberarse de ella. Cuando la humillación y la vergüenza se enraízan tan profundamente en nuestra alma, surge el deseo de venganza y de destrucción del otro y de las cosas que posee.

Cuando durante la evolución psíquica, a veces también bajo el influjo de la religión −en la que la alegría, el deseo y la sexualidad están mal vistas−, se genera una sensación constante de fracaso, de frustración y de carencia, se abona el terreno para que crezcan sentimientos de envidia.

El sentimiento de envidia puede describirse quizás como un fenómeno que se produce cuando en el interior de una persona surge la impresión de que el otro tiene más que uno mismo, de que es mejor y le respetan más, de que le aprecian más y está más reconocido. En comparación con él, uno se siente entonces inferior, inútil y humillado.

Melanie Klein propuso en 1957, en su libro *Neid und Dankbarkeit* (Envidia y gratitud, p. 183), la siguiente formulación: «La envidia es un sentimiento furioso (irritante) de que otra persona posee algo y disfruta de algo que es deseable a los ojos del envidioso. El impulso envidioso pretende arrebatarle esa posesión, apropiarse de ella o destruirla. Además, la envidia, a diferencia de los celos, describe una relación entre dos personas». Cuando el individuo se percata de este sentimiento, detrás de la envidia aparece a menudo la vergüenza por esta diferencia percibida. Se genera un impulso por corregir esta diferencia apropiándose como sea de aquello en lo que uno se siente descolocado y frustrado, incluso con el riesgo de que suponga la descalificación del otro.

Sin embargo, la envidia también puede crear la posibilidad y generar el impulso para querer ser como la propia persona envidiada. Entonces, la envidia y la avaricia pueden ocultarse tras una máscara de inocencia y convertirse así en engaño y mentira no sólo hacia fuera, sino también hacia dentro, hacia uno mismo. El sentimiento de envidia puede hacer que se despierte el deseo de tener lo que la otra persona tiene de digno de admiración (o lo que se admira en ella), y convertirse entonces en un impulso para adquirir esas cualidades. Si esto se consigue, la reacción envidiosa genera una mayor autoestima y un plus narcisista.

En el ámbito del psicoanálisis, Sigmund Freud y Karl Abraham fueron los primeros en señalar la importancia de la envidia. Freud utilizó el concepto de envidia en su teoría de la envidia del pene. Karl Abraham escribió lo siguiente en su obra completa (tomo 2, p. 15, 1923): «El envidioso, sin embargo, no sólo desea lo que poseen otros, sino que asocia a este deseo sentimientos de odio hacia el privilegiado. [...] Me refiero a la envidia tan frecuente del paciente con respecto al médico que le analiza. Le envidia el papel de superior y se compara continuamente con él. Un paciente dijo una vez que, en el psicoanálisis, el reparto de papeles era demasiado injusto, que él era el único que debía hacer sacrificios: acudía a la consulta, manifestaba sus asociaciones y encima tenía que pagar. Ese mismo paciente tenía por lo demás la costumbre de explicar a toda persona conocida cuánto ganaba».

Además, en su planteamiento asociaba la envidia con la agresividad. En varios ejemplos destacó el hecho de que la envidia desarrolla una enemistad con respecto a la persona que posee un objeto deseado. Klein (1957, p. 176) ve en la envidia, emulando también a Freud, un poder interior instintivo de carácter destructivo que se vive como temor a la aniquilación.

Dentro de otra tradición psicoanalítica, la psicología del yo, la envidia se considera una actitud compleja que forma parte del desarrollo normal. En vez de un impulso primario, en ella se ve la envidia como una fuerza motivadora secundaria que contiene, sí, aspectos positivos que tienen sentido en el proceso de desarrollo del niño. Este grupo de investigadores en torno a Kohout destaca en particular la asociación de narcisismo y autoestima. Para poder desarrollar un sentimiento de envidia, el individuo ha de tener la capacidad de distinguir entre el yo y el otro, cosa que los niños no pueden hacer hasta haber cumplido más o menos un año y medio de edad.

En los tratamientos psicoanalíticos, la envidia suele aparecer tan sólo, en la mayoría de los casos, cuando el paciente percibe su dependencia de otra persona buena, como por ejemplo el terapeuta. Entonces se trata de aceptar la existencia independiente del otro, sus buenos y malos atributos y su relación con otras personas. Esto significa que se percibe especialmente la existencia separada de este otro. En las terapias, la envidia se manifiesta en el hecho de que el paciente desarrolla una incapacidad para aceptar ayuda y poder mostrarse agradecido. En los procesos terapéuticos surge entonces a menudo en el paciente un sentimiento de culpa cuando vive conscientemente su envidia.

La superación de la envidia está asociada a la capacidad de sentir culpa y vergüenza. Esto viene acompañado a menudo de un sentimiento de pena de que en la propia biografía a veces no había ningún otro bueno para compararse. Cuando entonces se logra reconocer diferencias entre el yo y los demás, cuando es posible empatizar con el otro, entonces se puede superar la envidia y desarrollar la capacidad para sentir gratitud como contrapeso a la envidia.

El descubrimiento de la culpa y la vergüenza lleva aparejado a menudo el deseo de amor y el miedo al amor. El miedo al amor es una corriente poderosa que invade al individuo y favorece la aspiración al poder y al patrimonio, a tener en vez de ser, a la materialización en lugar de la relación. En los tiempos que corren, podemos comprobar lo siguiente con respecto al individuo y a la sociedad: el miedo al amor, es decir, a una profunda relación íntima, parece vencer a menudo sobre el amor y el reconocimiento del otro. El miedo al amor es una fuerza ancestral que marca profundamente la vida social. Por tanto, sería muy importante que el amor pudiera vivirse sin miedo, creando así auténticas relaciones yo-tú. Ésta sería una posibilidad de superar la envidia. Ese amor podría verse entonces como algo divino en nosotros, lo que daría lugar a un sentido de la vida más maduro.

Me propongo ilustrar ahora las consideraciones teóricas a la luz de un caso práctico de tratamiento psicoanalítico: la señora A. se sometió a una terapia psicosomática, ya que llevaba muchos años sufriendo depresiones y perturbaciones del sueño que en los últimos dos años anteriores al tratamiento se habían agravado notablemente. Los síntomas principales consistían en una retracción emocional, ataques de pánico, apatía y rupturas afectivas. Dijo que las dolencias habían aparecido por fases, a veces con tanta fuerza que no podía salir de su habitación ni de su casa.

Un problema que la afectó especialmente, y que al final hizo que solicitara una terapia, fue una perturbación del olfato. En presencia de otras personas podía desarrollar entonces unas náuseas insoportables, tan fuertes que tenía que salir precipitadamente de la sala para ir a vomitar. Observó que le ocurría especialmente con mujeres a las que ella admiraba y consideraba atractivas.

Informó de que se había criado en un ambiente familiar aparentemente ordenado. Su padre era, según ella, un hombre retraído, cariñoso y que se subordinaba a la madre. Su relación emocional con él era buena. Sin embargo, en situaciones conflictivas, particularmente con la madre, él nunca se puso abiertamente del lado de la hija, sino que le ayudó más bien a escondidas y sin que se notara cuando la madre la castigaba. Dijo que su madre era una mujer muy dominante, que sabía imponerse y era muy mandona. El padre cumplía todos los deseos de la madre y nunca adoptó una postura propia frente a ella.

Alrededor de un año antes de que naciera A. perdió la vida su hermano, que contaba entonces cuatro años de edad. Los abuelos maternos habían ido a pasear con el niño, que iba en bicicleta. Al final del parque había una calle y aunque los abuelos le llamaron para que esperara, el hermano siguió pedaleando y acabó atropellado por un automóvil que circulaba a gran velocidad. La muerte del hermano traumatizó tanto a los abuelos que los dos ya no pudieron soportar la situación. Es probable que la madre también responsabilizara a los abuelos de la muerte del hijo. A. supo por terceros que la relación de su madre con los abuelos se volvió muy tensa, y poco después la abuela y el abuelo se suicidaron. Acto seguido, la madre desarrolló tantos sentimientos de culpabilidad que intentó suicidarse tomando gran cantidad de pastillas para dormir cuando estaba embarazada de ella. El padre la había encontrado inconsciente y la había llevado al hospital.

Durante su infancia acudió regularmente con su madre el cementerio, tanto a visitar la tumba del hermano como la de los abuelos. Todavía recordaba muy bien que su madre lloraba mucho en el cementerio, pero nunca se atrevió a preguntar qué había pasado. No se enteró del accidente ni de la muerte de los abuelos hasta la edad escolar, y del suicidio de los abuelos no se habló hasta que ella ya era adulta.

Vivían en un barrio acomodado con muchos chalets, pero dentro de una pequeña vivienda de dos habitaciones y media en el sótano de una casa grande. En la escuela se sintió a menudo discriminada, ya que siendo una «simple hija de trabajadores» no la invitaban a las fiestas de cumpleaños de sus compañeras de clase. Recordaba que a menudo se avergonzaba de la ropa desgastada que llevaba. Este sentimiento de vergüenza la acompañó durante todo su período escolar.

Su madre y su padre eran creyentes practicantes, y desde temprana edad iba con el padre a la iglesia y después mantuvo contactos con grupos juveniles confesionales. En la escuela intentó sacar buenas notas para borrar la lacra de la niña obrera, lo que hizo que se convirtiera todavía más en un ser extraño dentro de la clase. En el instituto no pudo quitarse de encima el sambenito de «empollona». Después del bachillerato estudió Filología Alemana y Religión y luego trabajó de profesora de instituto.

Al comienzo de su período estudiantil mantuvo varias relaciones de corta duración, pero puesto que nunca se produjo un contacto íntimo, los hombres la dejaron al cabo de pocos meses. Dada su actitud religiosa, nunca se planteó la sexualidad fuera del matrimonio. Puesto que nunca conoció a un hombre al que pudiera aceptar como pareja duradera, se quedó soltera y vivía sola.

Continuó participando activamente en las actividades de la parroquia. Los hombres a los que conoció allí, sin embargo, no dejaron de ser simples compañeros. Con las mujeres siguió teniendo dificultades, y sobre todo con las que vivían en pareja o habían fundado una familia y tenían hijos le resultaba insoportable relacionarse. Al comienzo de la terapia acababa de cumplir 40 años, con lo que apenas era ya posible pensar en fundar una familia.

La señora A. se crio en una familia profundamente marcada en el ámbito emocional por la muerte del hermano y el suicidio de los abuelos. Su madre ya le dio a entender desde muy temprano que sólo había llegado a este mundo como «sucedánea» del hermano y que en realidad no tenía ninguna importancia como persona independiente. También tenía la sensación de que después de su nacimiento ya no hubo ningún contacto físico más entre sus padres, porque si no recordaba mal, el padre dormía en el dormitorio y ella dormía con su madre en el sofá-cama del cuarto de estar. Con la madre mantuvo una relación ambivalente. Por un lado, siempre quiso demostrar a la madre que era una suerte que ella existiera, y por eso siempre cumplió los deseos que manifestaba la madre, se esforzó por complacerla e incluso eligió la profesión que más le gustaba a la madre para ella. Ésta siempre le había dicho que le habría gustado estudiar en la universidad –si hubiera tenido esa posibilidad después de la guerra– y ejercer de maestra. Al mismo tiempo, odiaba a la madre, y en sus sueños durante la infancia y la juventud solía desear que su madre muriera y ella se quedara sola con el padre. Desde muy temprano tenía la sensación de que sería para su padre una mujer mejor que su madre y que con el padre llevaría una vida más agradable. Sin embargo, él nunca tomaba abiertamente partido por ella. En los conflictos familiares se sentía siempre como la convidada de piedra. En sus fantasías y sus sueños descartaba a la madre, y desde muy temprano envidiaba a los niños de su misma edad en distintos aspectos. Tenía la sensación de que todo lo que poseían los demás era mejor y más valioso que lo que poseía ella. Al comienzo era la ropa, más tarde los contactos sociales y la sensación de formar parte del grupo. Recordaba que la envidia no se refería a objetos, sino más bien al hecho de que otros mantenían relaciones que los llenaban, algo que ella nunca había logrado sentir debido a su falta de relaciones y a su exclusión.

De niña también desarrolló, especialmente con motivo de las visitas al cementerio, un sentimiento de envidia con respecto al hermano muerto, que era objeto de tanto cariño y atención por parte de la madre, a pesar de estar muerto. Esto hizo que a menudo se autolesionara y simulara accidentes (por ejemplo, que se había caído de la bicicleta y cosas por el estilo), para recibir atenciones de la madre. Asimismo, recordaba que tenía miedo de que la madre la envidiara si obtenía buenas notas en la escuela. Más tarde tenía envidia, sobre todo en la universidad, de todas las mujeres que ella consideraba, sin conocerlas bien, que eran felices.

El sentimiento de envidia ha desempeñado un papel dominante en su vida y por eso se avergonzaba y, partiendo de su religiosidad, desarrolló muchos sentimientos de culpa. La culpa se refería al sentimiento de envidia, que ella misma condenaba, pero que no lograba extirpar de su fuero interno. Cuando en la parroquia entraba en contacto con personas que a ella le parecían más débiles o incluso que tenían alguna discapacidad, también les tenía envidia por las atenciones de las que eran objeto debido a su situación. A menudo soñaba que perdía la vida de manera violenta y entonces veía a su madre de pie delante de la tumba y llorando por ella, teniendo entonces la sensación de que en la muerte se equiparaba al hermano.

Desde el punto de vista de la psicología evolutiva, cabe señalar tres aspectos conflictivos: por un lado, el conflicto de autoestima, en el que ella debe su existencia y el hecho de estar en este mundo a su hermano muerto, de manera que no se sentía aceptada ni querida por sus propias cualidades. A partir de ahí desarrolló un fuerte sentimiento de vergüenza por ocupar el lugar de otro. Por eso despreciaba a otras personas, al retraerse emocionalmente y no considerar a nadie suficientemente digno de entablar una relación con ella.

En segundo lugar, nunca consiguió saber qué es lo que quería ella misma, ya que dependía totalmente de la madre y no aspiraba a más que a cumplir sus deseos. En tercer lugar, desarrolló una fuerte necesidad de controlar a otras personas y tratar de descubrir qué pensaban de ella, cosa que se manifestaba entonces en forma de actitudes forzadas y más tarde en ataques de ira que la llevaban a destruir objetos en su hogar, con los consiguientes sentimientos de culpa posteriores. La sensación de tener que controlar todo era fruto, en última instancia, de la envidia con respecto a los demás y a sus relaciones.

El conflicto actual y la agravación de los síntomas tenían que ver con el hecho de que en su lugar de trabajo habían nombrado a una nueva jefa de grupo que era más joven que ella y a quien tenía que obedecer. Así se reactivó la sensación de tener que someterse también a los padres, y en particular a la madre, y la envidia con respecto a la nueva jefa, de la que suponía que disfrutaba más de la vida que ella misma, le provocó de nuevo sentimientos de vergüenza y de culpa, que se manifestaban en los síntomas depresivos.

Esta historia ilustra que el sentimiento de envidia no es un fenómeno innato, como dice Melanie Klein, sino que presupone la capacidad de distinguir entre el individuo y el mundo exterior. La sensación de que el hermano muerto es el preferido y de que éste posee, en virtud de su accidente, algo que le reporta cariño, se desarrolló muy pronto en el interior de ella.

La idea de que otros son más felices, que genera malestar y dolor, ya la intuyeron algunos teólogos en la Alta Edad Media. Este pensamiento ya se observa en el Padre de la Iglesia Basilio y en Crisóstomo; este último describe que la envidia aparece sobre todo entre personas que están próximas. Basilio opina que sólo surge envidia cuando existe familiaridad. Considera que la envidia es un mal incurable y piensa que sólo se puede suprimir renunciando al amor propio. Esto, sin embargo, no era posible en nuestro caso, pues la señora A. había experimentado una falta notable de atención narcisista y por tanto no tuvo ninguna posibilidad de amarse a sí misma. La señora A. tenía siempre mucho miedo de que alguien del exterior pudiera percibir su sentimiento de envidia, lo que generaba un sentimiento de vergüenza insuperable. Por eso no pudo hablar jamás con nadie sobre el tema, lo que seguramente también hizo que rehuyera toda relación viva. Siempre le resultaba insoportable y le causaba dolor cuando notaba que otras personas tenían en la vida una sensación de felicidad. Klein calificó la envidia, de forma similar a Francis Bacon, de fenómeno básico desagradable de la convivencia humana, pero en nuestra historia se ve claramente que no se trata de un atributo fundamental del ser humano, sino que la envidia parte de un déficit narcisista que crece a través de un sentimiento de vergüenza por no querer que otros disfruten ni soportar que sean felices.

En el curso del proceso terapéutico, la señora A. pudo afrontar este profundo sentimiento de vergüenza y la envidia hacia el hermano muerto, con lo que logró mostrarse después más cariñosa consigo misma y descubrir qué esperaba ella de la vida para sentirse feliz. La separación de la madre, que murió durante el proceso analítico, se manifestó en el hecho de que abandonara su profesión y se dedicara a lo que de verdad le interesaba, la naturaleza y los animales. Gracias a una pequeña herencia pudo adquirir una explotación agrícola en una zona poco habitada, donde se fue a vivir con los animales y de ellos, y acabó escribiendo libros infantiles que tuvieron éxito. Dos años después de finalizar el proceso terapéutico conoció a un hombre diez años mayor que ella, con el que ahora convive.

Anselm Grün

El Bosco representó la envidia en el cuadro ya mencionado más arriba del modo siguiente: vemos una escena callejera; en primer plano, un perro que, a pesar de tener dos huesos delante de él en el suelo, reclama el hueso que sostiene un ciudadano en la mano. Este ciudadano, a su vez, contempla envidioso al noble cuyo sirviente se lleva un saco lleno de dinero. Ni el perro ni el ciudadano están a lo suyo, sino que miran con avidez lo que tienen otros. De este modo, el perro no puede disfrutar de los huesos que tiene delante y el ciudadano no puede gozar del amor de su mujer, que se halla junto a él. Mira de reojo al noble, que tiene más dinero; el noble, sin embargo, tampoco es feliz: tiene envidia del ciudadano, que tiene mujer, mientras que él ha de vagar solo por el mundo, acompañado nada más que por su criado, quien no le proporciona ningún amparo, sino que sólo transporta su dinero.

Otra representación interesante de la envidia es la de Caspar Meglinger, de su ciclo «El curso del mundo». Pintó el cuadro por encargo del preboste de Beromünster en el año 1606 y representa la marcha triunfal de la envidia, representada en la figura de una mujer fea y demacrada con serpientes en vez de cabello; se come su propio corazón, o sea que carece de misericordia. Alrededor de ella se ven las secuelas de la envidia: su hija es una diosa de la guerra (la envidia es la causa de muchas guerras). El «rencor» es un hombre furioso que hace de cochero. Los caballos llevan un adorno compuesto de lenguas; éstas representan la difamación, típica de la envidia. Uno de los caballos se llama Bandido, el otro, Calumnia. Acompaña a los caballos una mujer que lleva un fuelle. La llaman Perturbación. Junto a ella se halla la Inquietud, con un reloj en la mano. En el primer plano del cuadro se ve una mujer que alza su látigo. Se llama Malicia. En el fondo se ilustran escenas de envidia tomadas de la Biblia: Caín y Abel; José, arrojado a un pozo por sus hermanos de pura envidia; Salomé, que pide la cabeza de Juan Bautista; Saúl, que envidia a David porque tiene más éxito y la gente se encariña con él.

Cuando contemplamos los cuadros, descubrimos en ellos enunciados sustanciales sobre la envidia o descripciones del estado actual de la persona envidiosa. No hurgan en el pasado, como hace el psicoanálisis, para conocer las causas. Este punto de vista también es típico de los primeros monjes, pues Evagrio describe simplemente las pasiones y muestra vías para manejar esas pasiones, pero no quiere buscar las causas en la tierna infancia. Hoy sabemos que la mirada a la niñez puede indicarnos por qué una persona se ha vuelto envidiosa. La mirada al pasado nos ayuda a no condenarnos a nosotros mismos cuando nos atosiga la envidia. Nos permite entender por qué somos como somos, y si nos entendemos a nosotros mismos, también podemos ponernos de nuestro lado. Y ésta es la condición para transformarnos nosotros mismos y nuestras emociones.

Sin embargo, a veces la mirada a la niñez también nos impide ocuparnos ahora de esta pasión y responder adecuadamente a ella. Por eso, ambas maneras de verlo son legítimas: la mirada al pasado, para comprender por qué y cómo nos hemos convertido en lo que somos, y la mirada al presente, para entender cómo actúa la envidia y cómo podemos manejarla.

El cuadro de Caspar Meglinger nos dice algo fundamental sobre la naturaleza de la envidia: la persona envidiosa se come su propio corazón. Ha perdido la conexión con su propio corazón y así se vuelve inmisericorde. Se daña a sí misma. La persona envidiosa se representa a menudo como una figura fea y odiosa, ya que a fin de cuentas se odia a sí misma. No está a lo suyo, sino que continuamente tiene que comprarse con otras personas. No disfruta de la vida. Se puede decir del envidioso lo que Joseph Epstein formuló una vez de este modo: «La envidia es el único pecado capital que no resulta nada placentero». El envidioso se consume a sí mismo con su envidia. En alemán decimos: éste se ha puesto amarillo de envidia. Está demacrado, en él no hay vida, la envidia lo consume y lo desfigura.

En el cuadro del Bosco, el acento está puesto en la vista. La palabra latina *invidia* proviene de *invidere,* que se refiere a un ver negativo, a causar desgracia por mirar mal. Los celos forman parte de la envidia, y si alguien está celoso, es porque envidia algo. Aunque también podríamos definir la envidia como el deseo de tener algo de lo que carecemos. Tenemos envidia de una persona de éxito, porque nosotros hemos fracasado. Los celos se refieren, en cambio, a una persona a la que amamos, es decir, a la que creemos poseer. Tenemos celos de toda persona que recibe el cariño de la persona amada, porque tenemos miedo a perderla. En este sentido, el niño o niña tiene celos de su hermanito o hermanita que le disputa su puesto en la familia. A muchas personas les cuesta reconocer ante sí mismas o ante otros que tienen celos. Por eso, los celos suelen esconderse detrás de argumentos racionales. Un ejemplo: Friedrich Nietzsche se enamoró de Cosima von Bülow, la esposa de Richard Wagner. A partir de ese momento se convirtió en el decidido adversario de Wagner. Hasta entonces lo había puesto por las nubes, pero entonces comenzó a atacarle por razones ideológicas. En realidad, fueron los celos la verdadera causa de su rechazo «racional». Nadie reconoce de buena gana que está celoso. Nos resulta embarazoso, y por eso preferimos manifestarlo de otra manera.

Además de los cuadros, las historias que cuenta la Biblia —aducidas en la Edad Media para explicar los pecados capitales— nos dicen algo sustancial sobre la envidia. Está la historia de Caín, que tiene envidia de su hermano Abel. Caín es labrador y Abel, pastor de ovejas. Por tanto, se puede explicar la envidia por motivos sociológicos, pero sin duda también interviene en este caso la envidia normal entre hermanos. No hay que interpretar la historia en el sentido de que Dios prefiere a Abel. Caín envidia a Abel porque éste tiene mejor relación con Dios y con las personas. Se trata de la envidia que resulta de la atención que se recibe del entorno. Caín no soporta no caer tan bien a los demás. La Biblia describe muy bien los sentimientos que brotan en él: «Entonces Caín se enfureció mucho y andaba cabizbajo» (Gn 4, 5). La envidia le provoca una ira incontenible. Y con esta ira causada por la envidia, Caín mata a su hermano Abel. Claro que de este modo también se daña a sí mismo. El terreno labrado que absorbió la sangre de su hermano quedó maldito: «Cuando cultives el campo, no te dará ya sus frutos. Y serás un forajido que huye por la tierra» (Gn 4, 12). La vida del envidioso se vuelve infértil. Se consume a sí mismo de envidia. Dentro y alrededor de él no crece nada. Nunca descansa, pues siempre hay personas de las que tiene envidia. Ni siquiera se cae bien a sí mismo. Caín tiene entonces miedo de que otros le maten. Para evitarlo, «el Señor puso una marca a Caín, para que no lo matara quien le encontrase» (Gn 4, 15). Podríamos interpretar este remedio para la envidia que Dios da a Caín de tal modo que este último entra en contacto consigo mismo gracias a la marca. Mientras sólo se dedique a compararse con otros, errará sin descanso y nadie le aceptará. Dios le pone en contacto consigo mismo y esto le permite vivir entre las personas. Esto también puede entenderse en el plano espiritual: cuando rezo y me percibo a mí mismo, entonces dejo de compararme con otros. Sólo cuando no estoy conmigo mismo, cuando sólo me defino por comparación con los demás, la envidia me consume y finalmente acabará conmigo.

La segunda historia que tiene que ver con la envidia y que los artistas han representado una y otra vez, también trata de la envidia entre hermanos: José y sus hermanos. José es el hijo más joven de Jacob y también su preferido. De ahí que sus hermanos le tengan envidia. «Al ver sus hermanos que su padre lo amaba más que a sus otros hijos, empezaron a odiarlo y ni siquiera le saludaban» (Gn 37, 4). Así que deciden matarlo, pero Rubén se opone a este plan y, a propuesta suya, los hermanos venden a José a unos mercaderes madianitas, que lo llevan a Egipto. Allí, gracias a su capacidad para interpretar los sueños, es nombrado primer ministro del faraón. En los siete años siguientes, en los que las cosechas son buenas, almacena los excedentes de grano en silos. Cuando después vienen siete años en los que prácticamente no hay cosechas, los egipcios tienen suficiente para comer. También en Israel hay hambruna, de modo que los hermanos de José acuden a Egipto para comprar grano. La segunda vez que van, José dice a sus hermanos quién es realmente. Antes se había percatado de que ellos lamentaban lo que habían cometido, de modo que habían dejado de lado su envidia. De este modo se abre a puerta a la reconciliación y la envidia de los hermanos resulta derrotada. Incluso podemos decir que la envidia de los hermanos condujo finalmente a la bendición. José invita a su padre y sus hermanos a ir a vivir a Egipto, de manera que todos se salvan y quedan bendecidos.

La tercera historia trata del rey Saúl y de David. Saúl sufre continuas depresiones. Necesita a David, que toca la cítara y de este modo aleja la tristeza. Pero al mismo tiempo le tiene envidia. Esta envidia aumenta cuando David vence al gigante Goliat, pues las mujeres ensalzan a David con una canción: «Saúl mató a mil, David a diez mil» (1 Sm 18, 7). Así que Saúl intenta una y otra vez matar a David. No obstante, David respeta al rey y no responde a su envidia con hostilidad, sino únicamente refugiándose en un lugar seguro. Cuando Saúl cae muerto en la lucha, David le llora. En su interior no siente envidia.

En estas tres historias se describen tres vías para superar o transformar la envidia. La primera vía: el envidioso entra en contacto consigo mismo mediante la oración, se percibe a sí mismo y puede dar las gracias por lo que Dios le ha regalado, y entonces se disipa la envidia. La segunda vía: el envidioso se da cuenta del mal que está causando con su envidia. Se arrepiente de su envidia y de este modo la supera. La tercera vía: la persona a la que envidio no reacciona a mi envidia; me quiere a pesar de todo, me cuida y me respeta; esto también puede transformar la envidia.

En el Nuevo Testamento, Jesucristo alude a nuestra envidia en la parábola de los trabajadores de la viña: mientras estaban concentrados en su trabajo, esperando percibir el justo salario de un día, estaban tranquilos, pero cuando vieron al final del día que los trabajadores que habían empezado a trabajar mucho más tarde que ellos también recibieron el salario de un día, se despertó su envidia. Consideraban que merecían cobrar más, ya que habían trabajado más y durante más tiempo. Dios les habla de su envidia: «¿O es que tienes envidia porque yo soy bueno?» (Mt 20, 15). Cuando escuchamos esta parábola, también a nosotros nos sube la envidia. En las discusiones sobre esta parábola observo a menudo que hay personas que se indignan ante el comportamiento del dueño de la viña. Aducen el argumento racional de que dicho comportamiento no es justo. En el debate acalorado se nota muchas veces que en realidad allí se manifiestan una envidia reprimida o unos celos reprimidos. Jesucristo destapa precisamente, con su provocación, estos sentimientos reprimidos que albergamos, pero que ocultamos tras argumentos racionales haciendo referencia a la justicia y la injusticia.

Normalmente nos identificamos con los trabajadores de la primera tanda. Nos gusta trabajar, ser cristianos y transitar por nuestros caminos espirituales, pero cuando vemos que otros también llegan a destino sin gran esfuerzo, de pronto nos invade la envidia. Jesucristo quiere provocarnos con esta parábola. Quiere que veamos que detrás de nuestra fachada decente a menudo se esconde la envidia. Tenemos envidia de aquellos que no son tan decentes, pero que a pesar de ello viven bien. Por lo visto, la envidia está tan profundamente arraigada en el alma humana que habita en todas las personas. Sin embargo, Jesucristo quiere invitarnos con esta parábola a mirar con gratitud todo lo que tenemos. Tenemos todo lo que necesitamos. El salario de un día es suficiente. No sólo lo es para nuestro sustento. Hablando simbólicamente, no podemos más que ser uno con nosotros mismos, que sintonizar con nosotros mismos. Cómo consiguen otros esta sintonía es asunto suyo. Yo he de andar mi camino, que me conduce a la unidad.

En el terreno espiritual no se trata de extirpar la envidia del interior de uno mismo. Los Padres del Desierto entendían los ocho vicios, que posteriormente se rebajaron a siete pecados capitales, como riesgos que acechan a todas las personas. Hemos de hacer frente a esos riesgos, reconocer en nosotros mismos sus causas y después hallar las vías para superarlos. Aquellos monjes también llamaban pasiones a esos riesgos, y toda pasión encierra una fuerza. Por tanto, se trata de transformar las pasiones para quedarnos con la fuerza positiva después de eliminar el efecto negativo para mí y para los demás. La cuestión es cómo transformar la envidia. Voy a describir algunas vías.

La primera vía consiste en reconocer que soy envidioso. Soy menesteroso. Me gustaría ser como éste o aquél, quisiera tener lo que tiene éste o aquél. Quiero ser el centro de atención. Confieso mi menesterosidad y se la muestro a Dios. Esto exige humildad: sí, a pesar de toda la espiritualidad soy un envidioso, soy menesteroso. Dejo que el amor de Dios penetre en mi menesterosidad y entonces se transforma mi envidia. En plena envidia percibo entonces el amor de Dios. Me siento amado incondicionalmente. Así se disuelve la envidia en la experiencia de la paz interior.

La segunda vía: pienso en todas las personas a las que envidio y me pregunto: si yo tuviera lo que tiene aquél o aquélla, si fuera como ése o ésa, si yo fuera el centro de atención, ¿sería feliz? ¿Acaso eso que envidio colmará realmente mi ansiedad? Tirando del hilo de mi envidia hasta el final, poco a poco percibo lo que me sostiene realmente. Lo que tienen otros no me sostiene. No se trata de tener, sino de ser. La envidia me invita a pasar del tener al ser. El tener no me hace feliz, sino el ser cuando estoy en sintonía conmigo mismo.

La tercera vía es parecida: imagino que tengo todo o soy todo lo que veo en otros, y luego me pregunto: si yo tuviera todo eso, ¿sería entonces yo realmente yo mismo? ¿O acaso sería un monstruo, un constructo, pero no una persona viva? Admitiendo la envidia y pensándola hasta sus últimas consecuencias, puede transformarse en gratitud. Estoy agradecido por mí y por mi vida. Me miro con otros ojos. De pronto descubro cuántas cosas me ha regalado Dios. Y junto con la gratitud notaré la satisfacción, pero también la limitación a mí mismo como este ser humano limitado que ha recibido regalos de Dios.

Por supuesto que no basta con hacer este ejercicio una vez y pensar que entonces ya se ha transformado mi envidia para siempre. La envidia reaparecerá una y otra vez. Si sucede esto, no conviene que luche contra ella, que la reprima, sino mostrarla a Dios o pensarla hasta el final de las dos maneras que acabo de describir. De este modo, la envidia se convierte cada vez en una invitación a ser totalmente uno mismo y dar las gracias por la propia identidad.

La posibilidad de que la envidia se transforme está condicionada a que no la valore. Cuando me condeno a mí mismo por ser envidioso, nunca me desprenderé de la envidia, que generará en mí una mala conciencia y tirará de mí hacia abajo. Se trata de contemplar la envidia sin valorarla y abordarla en libertad. Así lo practicaban los Padres del Desierto, que eran maestros en el trato de pensamientos y pasiones negativas. Nunca combatieron las pasiones, sino que siempre extrajeron la fuerza positiva que encierran para que los fortaleciera en su camino espiritual.

La envidia es una reacción a la necesidad que siento de tener éxito y una vida plena. Sin embargo, la reacción envidiosa, como muestran los cuadros en el arte, hace a menudo que yo me reconcoma de envidia. Por eso se trata de transformar la envidia en una reacción positiva. Puede espolearme a trabajarme a mí mismo. Puede convertirse en un motor para que yo tenga el mismo éxito que el que envidio en otras personas.

Las empresas utilizan la envidia como espuela en la publicidad. Sin embargo, esta explotación de la envidia no conduce a la paz interior, pues los ricos pueden comprarse siempre cada vez más cosas y nunca estaremos satisfechos con lo que tenemos. Es más sencillo aceptar la envidia como reto para trabajarme a mí mismo y hacer algo de mi vida. Pero al mismo tiempo tengo que aceptar mi propia medida y preguntarme qué necesito para que mi vida sea un éxito. No necesito por fuerza el mismo automóvil que mi rico vecino. No necesito por fuerza el éxito de los deportistas, actores o empresarios.

La envidia me obliga a reflexionar sobre lo que realmente me regala paz. En última instancia, la envidia quiere elevarme a otro plano, justamente a un plano espiritual. Pero la espiritualidad no significa que yo no haga nada, que convierta mi propia pereza o falta de éxito en un triunfo. Espiritualidad significa más bien que acepto ni menesterosidad y me pregunto: ¿qué colma realmente mi menesterosidad? ¿Es el éxito, la riqueza, el reconocimiento o el cariño de la gente? ¿O acaso es otra cosa? La transformación de mi envidia comienza con el hecho de que confiese mi menesterosidad y después busque vías espirituales para colmar la menesterosidad de alguna manera adecuada. Claro que debo evitar a toda costa que emprenda una huida espiritual. Mis necesidades son necesidades humanas y por tanto deben satisfacerse de una manera humana. Pero al mismo tiempo conviene relativizar la satisfacción puramente humana.

La envidia del cariño que recibe otra persona no se restaña simplemente esforzándome yo también por ganarme el cariño de la gente. Y tampoco se restaña desentendiéndome yo totalmente de esa necesidad y diciéndome que no lo necesito, que estoy por encima de eso, que soy una persona espiritual. Esto sería una huida espiritual a la grandiosidad, que no conduce a nada. Porque en algún momento dado tropezaré entonces con mi necesidad humana de ser querido y me caeré de bruces dolorosamente. Se trata más bien de reconocer mi menesterosidad, pero de trasladarla al mismo tiempo a un plano superior. Este plano superior podría ser la experiencia del amor incondicional de Dios. Cuando durante mi oración me doy cuenta de que Dios me acepta plenamente, en ese instante la envidia se transforma en una experiencia de paz y gratitud. Esto me protege de la reaparición de la envidia cuando vea a otra persona que goza del cariño de todo el mundo y cuando los demás no me prestan atención. Pero entonces no me dejo reconcomer por la envidia, sino que la percibo y hago que me recuerde la experiencia que hice durante la oración: la experiencia de ser amado incondicionalmente por Dios.

Algo parecido ocurre con la vía de transformación de los celos. Primero me pregunto a qué vienen mis celos: ¿se deben al comportamiento de mi marido o mi mujer, que no son claros en su relación con otras personas? ¿O reside la causa en una relación poco clara con el padre o ambivalente con la madre? ¿O estriba la causa en el hecho de no tener yo una relación de confianza con mis progenitores? Pero tampoco debería limitarme a indagar en las causas. Los celos son una manía, y la manía siempre es un anhelo reprimido. ¿Cuál es, por tanto, el anhelo que se esconde tras mis celos? A menudo es el anhelo de poseer a la pareja totalmente para mí, de que sólo me atienda a mí, que pase su tiempo únicamente conmigo, que yo sea el único al que considera estupendo. Pero si me permito este anhelo y lo pienso hasta el final, me doy cuenta de que no es realista. No puedo atar de pies y manos a mi marido o a mi mujer. En este caso, es probable que la relación se torne aburrida. Una mujer me contó que su marido tenía celos cuando ella salía con sus amigas para charlar. Él quisiera que ella siempre estuviera con él, pero cuando está con él, no tiene nada que decirle. Se sienta ante el televisor en vez de hablar con ella. Lo que quiere es disponer de ella, es que esté por él. Los celos bloquean la relación y a la larga la estropean.

Cuando indago en el anhelo que hay detrás de mis celos, lo primero que descubriré es que encierran un gran amor: amo a mi pareja. Sin embargo, este amor está asociado al mismo tiempo al deseo de poseerla plenamente y tenerla siempre junto a mí. De este modo, los celos se convierten para mí en la invitación a rogar a Dios que me dé confianza en que nuestra relación de pareja será duradera y que ambos nos mantendremos fieles. Los celos me retan, por tanto, a reflexionar sobre la esencia del amor: el amor siempre es un regalo. Deja libre y al mismo tiempo desea la cercanía del otro. El amor necesita la confianza. Si introduzco control en el amor, acabo con él. Por consiguiente, el reto consiste en transformar los celos continuamente en un amor que da libertad y se entiende como regalo, que deberíamos aceptar con gratitud y respetar con esmero.

Soberbia

Bernd Deininger

A lo largo de la historia, las religiones han situado de distintas maneras la soberbia en el punto más alto de sus catálogos de pecados. En muchos casos se trataba de la falta de respeto a una instancia superior o también de la cuestión de que el ser humano pretende convertirse a sí mismo en Dios.

El orgullo se representa también a menudo en forma de vanidad. En el siglo XIX, el caricaturista francés Honoré Daumier ridiculizó la altanería de un modo excelente, situando en el centro de sus caricaturas en particular el histrionismo de señores mayores y la chulería de dignatarios de cualquier adscripción. Critica sobre todo el orgullo hueco, carente de sustancia, que no es merecido ni está justificado. Sin embargo, también existe otra forma del orgullo, asociada a una dosis sana de amor propio. Quien está orgulloso puede perfectamente cuidarse a sí mismo, confiar en sí mismo y andar por la vida con total seguridad. Pero del amor propio a la arrogancia injustificada no hay a menudo más que un paso.

Existe una forma de orgullo que viene marcada por los logros y éxitos personales. La persona en cuestión puede sentirse satisfecha en su fuero interno y estar orgullosa de sí misma si consigue hacer cosas que van más allá de la prestación normal y en las que destaca especialmente. Los psicólogos estadounidenses Tracy y Robins hablan en este caso «orgullo auténtico».

En cambio, otro tipo de orgullo tiene que ver con la sobrestimación de uno mismo y la arrogancia. En este caso, a diferencia de la otra forma de orgullo, encaja bien la expresión «orgullo desmesurado», que en el psicoanálisis relacionamos con el concepto de narcisismo. Es importante diferenciar entre un narcisismo sano y el narcisismo patológico. Cuando un niño no nota ni experimenta que le importa mucho a su madre o cuando la madre no ha podido satisfacer las necesidades del niño o ni siquiera las ha reconocido, esto puede suponer una amenaza existencial para el niño. Para protegerse de esta amenaza, un lactante o un niño pequeño se refugia en las fantasías de su propia grandeza, lo que entonces significa que se siente independiente del exterior y que todas las personas que hay en su entorno, como por ejemplo la madre, pierden importancia. Si estas fantasías se consolidan y arraigan, en muchos casos se mantienen durante toda la vida. Cuando una persona no ha podido percibir, o sólo lo ha percibido parcialmente, que es importante para otros, no es capaz de hallar un sentimiento o, mejor dicho, un receptáculo para acoger la confirmación del exterior. La confirmación del exterior, precisamente en los primeros meses de nuestro desarrollo psíquico, es sumamente importante. Aunque no exista, sí se mantiene el anhelo de recibirla. Por eso, en la vida adulta una persona necesita continuas confirmaciones reiteradas. Es decir, las personas con una estructura narcisista dependen, para sentirse bien, de otras personas que las reconozcan continuamente y les confirmen su aprecio. Entonces, a menudo el mundo exterior no tiene otra función que aportar reconocimiento y admiración. Las personas con narcisismo patológico experimentan una sobrestimación de sí mismas y una subestimación de los sujetos (otras personas) que existen en su entorno.

En el comienzo del desarrollo del niño está la simbiosis con la madre. La unidad temprana, sin embargo, puede verse perturbada por las limitaciones de los cuidados maternos. Estas perturbaciones pueden generar sentimientos infantiles de pequeñez y debilidad y hacerlos crecer tanto que hará falta construir un sí-mismo de grandeza e idealizar las imágenes interiores, llamadas *imago*. Kohut opina que los progenitores que se ocupan del niño, o sea, la madre y el padre, aparecen como seres omnímodos. El niño se sentirá entonces como si formara parte de ellos, de modo que participa de alguna manera en su grandeza y su poder y por tanto no ha de tener miedo. Esta minoración del miedo desempeña un papel importante en la fase temprana del desarrollo infantil. En el curso del proceso ulterior se trata entonces de desmontar el sentimiento de grandeza y rebajar las imágenes interiores de los progenitores idealizados por medio de la confirmación y el envalentonamiento, pero también mediante diversas frustraciones. Cuanto más perciba una persona que lo que le gustaría ser se acerca a lo que es realmente, tanto más conseguirá reducir tensiones internas insoportables y desarrollar entonces un sentimiento sano de autoestima.

Si carece de atención empática por parte de los progenitores, al niño le resulta casi imposible desarrollar un sí-mismo estable, y lo que queda es más bien el sí-mismo de grandeza propio de la infancia y las imágenes idealizadas de los progenitores. Un indicio de un desarrollo narcisista perturbado puede ser, por ejemplo, una rabia difusa, o la falta de delimitación del propio yo con respecto a otros sujetos, o también fantasías de grandeza que no guardan relación con la realidad.

Echemos en este contexto una breve ojeada al mito griego del hermoso joven Narciso, del que procede el concepto de narcisismo. La historia la cuenta Ovidio en sus *Metamorfosis*. Narciso rechaza toda proposición amorosa, particularmente la de la ninfa Eco. Por ello es castigado a contemplar en una fuente su propia imagen como en un espejo; entonces se enamora de sí mismo y acaba muriendo de ansiedad. En el lugar de su muerte brota la flor que lleva el nombre de narciso. Esta relación entre la ninfa Eco y el joven Narciso sólo se encuentra en Ovidio. En otras tradiciones, la ninfa rechazada se convierte en piedra y Narciso muere por el retumbar de sus lamentos, fruto de las burlas de Eco.

Sin embargo, el relato de Ovidio contiene la importante subdivisión del episodio de la imagen en la superficie del agua: Narciso cree primero que está viendo a un joven hermoso y se enamora de él, por lo que se halla en un error. Después reconoce conscientemente que el joven que ve en el agua es su propia imagen, o sea, él mismo, por lo que su amor nunca podrá consumarse. En la interpretación antigua de la historia, Narciso era un ejemplo de amor desesperado y de peligrosa entrega a una belleza efímera, así como de castigo por falta de amor. Tuvo que pasar tiempo para que el mito se empleara como ejemplo de amor consciente por el yo y se asociara a la idea del reconocimiento de uno mismo.

Un concepto estrechamente relacionado con el narcisismo patológico es el de la ofensa. Una persona afectada de narcisismo se siente fácilmente ofendido, aunque este sentimiento es un fenómeno extendido en la experiencia humana. De todos modos, lo decisivo es que la posibilidad de sentirse ofendido está asociada a la existencia de autoestima. Incluso en el caso de un desarrollo sano apenas será posible vivir tranquilamente sin la confirmación, la alabanza y el reconocimiento por parte de otras personas. Desde mi punto de vista, es una ilusión creer que nuestra autoestima es tan estable que no hay nada que pueda derruirla o que incluso sea independiente de lo que piensan otras personas de nosotros y de cómo nos tratan. El factor decisivo es que el reconocimiento externo sólo contribuye a reforzar nuestra autoestima cuando lo consideramos justificado y adecuado. Cuando nos alaban por un acto en el que no nos hemos comprometido, la alabanza y el reconocimiento nos resultarán más bien incómodos.

Una primera experiencia fundamental que puede tener un niño con respecto a la ofensa es que se rechacen los afectos e impulsos que le pertenecen y no se le reconozcan. Dado que un niño depende absolutamente del entorno que le atiende, el rechazo de un sentimiento que considera que es suyo propio no lo puede digerir, de manera que deja una secuela imborrable.

Freud hablaba de un narcisismo primario, es decir, del primer autoamor del niño. Sobre el trasfondo de este autoamor, el niño trata de explorar su mundo exterior inmediato. Si lo que recibe es rechazo, experimenta un menoscabo notable, podríamos decir también una primera ofensa. El niño se encerrará entonces en sí mismo y desarrollará el llamado narcisismo secundario. Como sucedáneo de su propia persona, objeto del amor primario, desarrolla entonces un objeto adicional del amor, que en el psicoanálisis denominamos el yo ideal, es decir, una imagen idealizada de sí mismo, que a continuación trata de alcanzar. Freud opina que el autoamor, cuyo objeto es ahora el yo ideal, preservó en los primeros tiempos el yo real. Por tanto, el narcisismo, o el autoamor, se ha desplazado al nuevo yo ideal.

Quisiera mencionar los siguientes ejemplos de ofensas que pueden infligir los progenitores a sus hijos: cuando le dicen a un niño que lo que siente es falso, o que lo que piensa es incorrecto, o bien –el más grave ataque a su autoestima– que tal como es y cómo se comporta no es lo que desean, y que en realidad se habían imaginado un niño distinto cuando decidieron tenerlo. Éstas son ofensas para el sentimiento narcisista, que son tan amenazadoras y desestabilizadoras para el niño que tiene que extirpar estas experiencias de su conciencia. Pero dado que los progenitores mantienen continuamente una actitud negativa hacia el niño, es muy posible que también haya otros mensajes, como por ejemplo: si en el colegio o en el deporte eres el mejor, entonces puede que te reconozcamos y te queramos. O bien: si haces lo que te pedimos, si siempre te adaptas a nuestros deseos, entonces serás aceptado por nosotros.

Si estos mensajes abren para el niño una vía de llegar a ser querido, intentará de buena gana cumplir los deseos de los progenitores. Ahora bien, cuanto mayores sean los esfuerzos que emprenda un niño para ajustarse a su yo ideal (ser como desean sus padres), tanto más profundamente le afectará el hecho de fracasar. En casos extremos, el fracaso puede suponer una carga tan pesada que hay niños o jóvenes adolescentes que se suicidan.

Para resumir, podemos decir que la ofensa primaria, que se desarrolla sobre la base de una falta de autoestima, no consiste en un único acontecimiento traumático, sino que se trata de una atmósfera general especialmente humillante. En una psicoterapia analítica es importante, por consiguiente, ayudar a la persona a recobrar la confianza en sí misma, a reencontrarse con su yo propiamente dicho. En este proceso se experimenta de nuevo el lado doloroso de las ofensas. De ahí nacen sentimientos y la conciencia de la ofensa sufrida, lo que a su vez moviliza tendencias a respetarse y amarse uno mismo.

Lo dicho hasta ahora explica cómo surgen la soberbia y el orgullo como funciones de defensa frente a ofensas y al menoscabo del sentimiento de autoestima.

Volvamos de nuevo al narcisismo. No sólo repercuten en el desarrollo narcisista de la personalidad el temprano rechazo descrito más arriba, las ofensas a la autoestima o los traumas de los primeros meses de vida, que menoscaban el desarrollo del yo, sino también el aspecto contrario del exceso de atención y de cuidado y la dificultad del niño para adaptar el sí-mismo de grandeza al sí-mismo real, cuando las personas de referencia desean conservar el sí-mismo de grandeza. Esta situación se da a menudo en familias en las que todo gira alrededor del «pequeño príncipe», que gozan de una elevada posición económica que, por ejemplo, no pone límites a los regalos, o en las que el niño está destinado desde muy temprano a seguir la huella de uno de los progenitores exitosos, cuando se trata, por ejemplo, de hacerse cargo de una gran empresa que está abocado a heredar. En las sociedades medievales, esto también era a menudo una pesada carga para el primogénito masculino, cuando lo entronizaban desde muy temprano como futuro heredero y nadie le hacía frente para corregirle.

El inglés Steve Taylor estudió en su libro *La caída,* del año 2009, en qué medida el egoísmo y el egocentrismo repercuten en la historia de la humanidad. Llegó a la conclusión de que las guerras son en gran medida el resultado de un egocentrismo exagerado de las personas responsables. Como ejemplo destacado podríamos mencionar aquí a Napoleón, quien según cálculos de los historiadores fue responsable de la muerte de 6 millones de personas. Es sabido que no toleraba opiniones distintas de la suya y que expulsaba de su círculo íntimo o enviaba al exilio a todo aquel que le contradijera, lo que hizo que sólo le rodearan los aduladores. No cabe duda de que Napoleón era un genio militar y se rumorea que era capaz de visualizar sobre un mapa los campos de batalla y calcular a simple vista la distancia entre un lugar de enfrentamiento y el otro. Sin embargo, no supo digerir los éxitos iniciales. Se mostró absolutamente refractario a los consejos, no reconocía errores ni deficiencias, sólo confiaba en sí mismo y utilizaba a las personas como marionetas que debían dejarse mover por él a un lado y otro. Su última batalla en Waterloo la perdió frente al general Wellington porque no estuvo dispuesto a aceptar consejos de sus oficiales. En la historia más reciente, los rasgos narcisistas de la personalidad se perciben sin duda también en Mao Tse-tung y Stalin, quienes de un modo similar vivían encerrados en su egocentrismo.

A pesar de todo ello, el orgullo y el narcisismo también tienen otra cara de la moneda. Ya he mencionado el concepto de Tracy, que distingue el «orgullo auténtico» del «orgullo desmesurado». Cuando una persona puede anotarse un éxito con esfuerzo y buen trabajo, puede estar perfectamente orgullosa de sí misma y sentirse bien. Las personas que pueden estar auténticamente orgullosas de sí mismas suelen mostrarse tolerantes en sus relaciones sociales, abiertas a nuevas experiencias y parecen emocionalmente estables y concienzudas. La sensación de haber logrado una meta, valorada positivamente por el mundo exterior, puede contribuir a que el individuo se sienta seguro de sí mismo y satisfecho. El orgullo basado en logros externos puede modificar el pensamiento en sentido positivo. Incrementa la confianza en uno mismo y genera la sensación de controlar mejor a uno mismo y al mundo.

En contraste con este sentimiento positivo frente al propio sí-mismo se sitúa la altanería, la arrogancia, la soberbia. Detrás de la altanería y la arrogancia suelen esconderse temores difusos y tendencias agresivas que han de reprimirse con la apariencia externa. Se trata, por tanto, de personas que no han podido desarrollar una imagen estable de sí mismas y por eso temen el rechazo al que en la mayoría de los casos han estado expuestas en una fase temprana de su desarrollo. A menudo, esto hace que las personas con trastorno narcisista tengan dificultades para mantener relaciones prolongadas, pues tienen miedo a ser abandonadas y ofendidas. En resumen, quisiera decir que el pecado de la soberbia debe juzgarse de manera diferenciada en sus múltiples facetas. Hay formas de orgullo y de impregnación narcisista positiva del sí-mismo que resultan vitales y nos permiten transitar por este mundo de manera estable y segura. Las formas patológicas de la soberbia, revestidas de arrogancia, de desprecio por el mundo exterior y de egocentrismo suelen tener su origen en la época temprana de la vida, cuando los traumas sufridos generan una falta considerable de autoestima. Para ilustrarlo citaré un ejemplo tomados de mi larga experiencia práctica como terapeuta:

El señor Z. informa de que en los últimos meses ha tenido muchas discusiones con su esposa, a quien «idolatra». Después de un encontronazo, en el que su mujer amenazó con dejarle, ha tenido ataques de pánico combinados con la sensación de llevar una pesada carga sobre el pecho. Asimismo, le ha llamado la atención que continuamente entra en conflicto con personas de su entorno cercano, por lo que le invade un creciente sentimiento de decepción. Esta última comporta entonces una sensación de vacío interior tan fuerte que le entran ganas de evitar cualquier contacto con el mundo exterior. También rememora mucho su propio pasado (está a punto de cumplir 60 años) y se da cuenta de que ha dejado de aprovechar muchas posibilidades, que él podría haber llegado a ser una persona famosa, cosa que impidieron una serie de acontecimientos externos que resultaron nocivos para él.

El señor Z. proviene de una humilde familia obrera. Su padre era almacenista y su madre trabajaba de camarera. No puede decir gran cosa de ella, pues abandonó al padre y a él cuando tenía un año y se fue con un estadounidense al país de éste. Después ya no tuvieron ningún contacto con ella. El rastro se ha borrado completamente. Cuando, ya adulto, quiso indagar sobre el paradero de su madre, no logró hallar nada.

Puesto que el padre se sintió desbordado con la educación del hijo, lo llevó a un internado, donde permaneció durante cuatro años. Cuando el padre volvió a casarse –la segunda mujer del padre también tenía un hijo, que era un año más joven que él–, lo sacó del internado. Con su madrastra y su hermanastro se entendía bien; ella era una mujer cariñosa y buena. Aunque en momentos decisivos daba preferencia a su hijo biológico, también trató de no frustrarle. El padre era una persona mandona y prendada de sí misma, que siempre quería tener razón, y que nunca le aceptó y siempre le daba a entender que en realidad era una carga para él. De adulto ha intentado una y otra vez acercarse al padre, pero cuando se reúnen acaban discutiendo al cabo de poco tiempo. Entonces siempre se le frustraba el deseo de que su padre le estimara y viera algo positivo en él. Una mala experiencia en su niñez fue una infección de escarlatina que tuvo a la edad de seis años, a raíz de la cual tuvo problemas de audición. Su hermanastro también contrajo la escarlatina, tal vez se la contagió a él. Lo trágico fue que el hermano murió a causa de la enfermedad, lo que fue un duro golpe para su madrastra. Al principio, él tenía la sensación de que ella le culpaba por la muerte de su hijo, pero después ella se ocupó plenamente del niño y lo mimaba todavía más que antes.

Recordaba que en sus cavilaciones y sus sueños se sentía a veces feliz y contento de que su hermanastro hubiera muerto. Esto provocó el surgimiento de sentimientos de culpa, de manera que se autocastigaba cuando le venían esos pensamientos. El castigo consistía en no comer los dulces que le había dado la madre, sino que los regalaba. También rasgó prendas de vestir, por lo que su padre le dio varias palizas, que él percibía como penitencia por los deseos de muerte con respecto al hermanastro.

Tras la muerte de su hijo, la madrastra se mostró refractaria frente al padre, por lo que este último se buscó otras mujeres como amantes, lo que a su vez comportó que la madrastra se separara del padre. Poco después del divorcio, ella conoció a otro hombre y se casó con él al cabo de un año. Puesto que Z. no quiso romper la relación con la madrastra, entre los 8 y los 15 años de edad estuvo alternando semanalmente entre la vivienda de ésta y la del padre. En casa del padre y con las parejas continuamente cambiantes de éste no se sentía tan bien como en el hogar de la madrastra y su nuevo marido. Finalmente se sintió desarraigado y como figura marginal en el seno de ambas familias. A los 17 años rompió toda relación con el padre y con la madrastra.

El intento de ingresar en el instituto fracasó, de manera que no cursó más que los nueve cursos de la enseñanza obligatoria. Inició un aprendizaje de impresor, pero lo dejó cuando recién cumplidos los 17 años se sumergió en el mundo de las drogas, donde permaneció hasta los 32 años de edad.

A causa del consumo de drogas y de su dependencia cometió diversos delitos (hurtos, robos, etc.), de manera que estuvo varias veces en prisión y en clínicas de deshabituación e instituciones de rehabilitación. Durante una estancia de tres años en la cárcel estuvo reflexionando sobre su vida y pensó que no tenía sentido. Se propuso liberarse de la drogodependencia, cosa que logró con ayuda del pastor de la cárcel.

Se presentó al examen de ingreso en una academia de artes plásticas, fue admitido y estudió para pintor artístico. Después de algunos años difíciles, empezó a vender cada vez más cuadros a través de galeristas, y al cumplir los 45 años ya era un pintor de éxito, pudiendo vivir de su arte. Alquiló un estudio amplio, al que acudían numerosos alumnos, participó en todas las grandes exposiciones de arte contemporáneo en Alemania, vestía ropa cara y circulaba en coches de lujo, llevando un tren de vida superior a sus posibilidades. Tenía cada vez más la sensación de ser el «nuevo Picasso», cosa que seguramente también le sugirieron los galeristas y coleccionistas, de modo que empezó a darse la gran vida.

Después de adquirir una mansión en el sur de Francia, un yate y varias viviendas de lujo, se produjo el colapso. El mundillo del arte había cambiado, sus cuadros dejaron de tener el valor de antes. No trabajaba a gusto, muchos alumnos le abandonaron debido a su conflictividad. Resultó incapaz de pagar sus deudas y tuvo que declararse en quiebra.

Intentó suicidarse con somníferos, pero su mujer lo encontró a tiempo y el médico de urgencias le salvó la vida. Entonces se retiró completamente de la vida pública y, aparte de su esposa y algunos viejos amigos, perdió todos los contactos. Sin embargo, debido a su carácter pendenciero y su altanería, incluso los viejos amigos dejaron de frecuentarle, tras lo cual acudió a mi consulta.

Se sentía siempre dependiente, trataba de adaptarse para obtener algo de cariño, lo que hizo que no pudiera accionar tempranas tendencias agresivas instintivas y que renunciara continuamente a sus deseos de autonomía. Debido a la muerte del hermanastro fue acumulando fuertes sentimientos de culpa, que se intensificaron hasta el punto de que él mismo se torturara. Desarrolló un trastorno de la audición, que se atribuyó superficialmente a la escarlatina. Sin embargo, mediante una anamnesis más precisa se detectó que la pérdida de audición sólo se producía en situaciones de estrés, y que dicha pérdida desapareció de pronto después de cumplir 12 años. A raíz de su conflicto irresuelto entre autonomía y dependencia y de las relaciones inestables, así como de la falta de pertenencia que siempre sintió, al cumplir 17 años se volvió drogodependiente durante unos 15 años.

En ese período se sentía siempre como una hoja arrastrada por el viento que no encuentra dónde agarrarse, cae por casualidad al suelo y es levantada de nuevo por una ráfaga. Ni en su época escolar, en la que se automarginó de todos, ni durante el tiempo en que anduvo con drogas mantuvo relaciones emocionalmente estables con otras personas. Sólo cuando ingresó en la academia de artes plásticas logró trabar y mantener alguna amistad, aunque siempre le importaba sobre todo que los otros le admiraran. Cuando alguien discutía sus ideas u opiniones y no le mostraba suficiente admiración, rompía con esa persona. Especialmente sus amistades masculinas duraron muy poco. A la edad de 41 años, cuando saltó a la fama, se casó con una mujer que lo admiraba mucho y era discípula suya. Sin embargo, a ésta sólo supo tolerarla porque le seguía admirando, incluso después de la quiebra, y le hacía saber que lo consideraba el mejor pintor. No hubo ninguna relación íntima a la que pudiera transmitir lo que sentía en su interior. Cuando se producía una aproximación emocional, muy pronto se producían disociaciones, de manera que dividía a la persona en cuestión en aspectos buenos y malos. Eso mismo sucedió con su esposa, de la que se separó repetidamente y que percibía como una perseguidora malvada que sólo deseaba hacerle daño. Cuando entonces su mujer lograba admirarle de nuevo, se convertía para él en un «hada buena».

Su relación emocional más estrecha es la que mantiene con su hijo, a quien le ha hablado de sus éxitos y sus logros y que le da a entender que él, el hijo, quisiera ser como su padre.

Pero tiene miedo de que el hijo le abandone; en el fondo resurgen los sentimientos de abandono por parte de la madre y del hermanastro.

A la luz de la biografía y los síntomas observados, está claro que el señor Z. es un hombre que padece un trastorno narcisista de la personalidad. A raíz de la relación con su hijo y del temor a la ruptura de esa relación ha decidido acudir al terapeuta. Esto le ofrece la posibilidad de desarrollar en el proceso terapéutico una configuración fiable de su yo que le permita establecer relaciones más sólidas y fiables. Claro que esto exige que se visibilicen sus temores de abandono reprimidos y sus dudas relativas a la autoestima para poder trabajarlos. La división del mundo exterior en buenos y malos también puede trabajarse en una relación terapéutica durante el proceso de transmisión.

A menudo, la construcción de un sí-mismo estable que permita vivir a la persona no se consigue por diversas razones. Muchas personas que pueden tener éxito en la vida cotidiana pese a sus graves trastornos narcisistas no acuden al terapeuta porque no sienten la presión del sufrimiento, sino que encuentran posibilidades de compensar sus déficits narcisistas en la sociedad en la que viven. Sin embargo, esto siempre produce daños, tanto en las personas con las que están en contacto como en ellas mismas.

Anselm Grün

El Bosco representa la soberbia en el cuadro ya mencionado con el demonio mostrando un espejo a una mujer altanera. Cuando ella se contempla, se le pasa la soberbia. A menudo se representa la soberbia como la caída de un pedestal o con la imagen de un pavo real, que se entiende como un símbolo del orgullo desmesurado. Estos motivos también aparecen en el cuadro ya descrito de Caspar Meglinger, quien representó la marcha triunfal de la soberbia en la figura de una mujer vanidosa que se mira en el espejo. Pasa cabalgando junto a un pavo y a la torre de Babel, el símbolo bíblico del orgullo desmesurado de la humanidad. Ícaro, quien quiso ascender hasta el Sol, cae de las nubes. La soberbia viene acompañada de los vicios que le siguen, como la envidia, el desprecio –representado por el carretero que no presta atención al camino–, la terquedad –visible en el caballo que se encabrita– y la curiosidad. Además, la soberbia se asocia con la burla, la desobediencia y la presunción.

La palabra «orgullo» tiene tanto un sentido positivo como negativo. Puedo estar orgulloso de mi familia o de mi obra. Cuando el orgullo se refiere a la dignidad de una persona, o a la estima apropiada de sí mismo, o al sentimiento positivo hacia otra persona, el orgullo es un sentimiento positivo. Por otro lado, cuando se refiere a un sentimiento excesivo de satisfacción que una persona tiene de sí misma, tiene una connotación negativa. Una persona orgullosa muestra soberbia, altivez, vanidad, arrogancia, e incluso puede mostrar un desprecio hacia otras personas.

Arrogante es una persona que reclama para sí algo que no le corresponde. El arrogante alardea de una dignidad que no tiene y exige un respeto que no se ha ganado. El sentido propiamente dicho de soberbia puede circunscribirse con la expresión «orgullo desmesurado»: la palabra latina *superbia* viene del griego *hiperbios,* que significa «superfuerte» *(bia* es la fuerza, la potencia). La *hibris* es un concepto griego que puede traducirse como «desmesura» y que alude a un orgullo o confianza en sí mismo muy exagerada, que comporta altivez, travesura, impiedad, desenfreno, maltrato e insulto.

En Atenas había una ley importante contra la *hibris,* el insulto a un ciudadano. La ley preveía la pena de muerte por el trato insultante a un ciudadano libre. Yo traduciría *hibris* por «altanería»: me alzo

41

por encima de la talla que me corresponde. Y me elevo por encima de otras personas. Las miro con desprecio, soy superior a ellas.

Una historia bíblica que se cita a menudo como ejemplo de soberbia es la del banquete de Baltasar. El rey Baltasar de Babilonia organizó un gran banquete. Después de beber mucho vino, hizo traer en su embriaguez los vasos de oro y plata que su padre, Nabucodonosor, se había llevado del templo de Jerusalén. Cometió un sacrilegio, se puso por encima de lo sagrado. Lo sagrado es lo que no está al alcance del mundo, pero el soberbio no puede aceptar que haya algo que no esté a su alcance. Se cree superior a todo, incluso a lo sagrado.

Pero lo sagrado se venga, no se deja poseer sin más. La Biblia cuenta: en pleno festín apareció de pronto una mano humana que escribió algo sobre la pared blanca del palacio del rey. El rey, al ver la mano que escribía, «cambió de color, se turbó su mente, le fallaron las articulaciones de sus caderas y sus rodillas se entrechocaban una con otra» (Dn 5, 6). Hizo llamar a sus adivinos y les dijo que interpretaran lo que estaba escrito. Pero ninguno supo hacerlo.

Entonces la reina le envió a Daniel, el judío deportado, para que le ayudara. Daniel dijo: «Lo escrito es *mene, tequel* y *peres.* Y ésta es la interpretación: *Mene,* es decir, "contado": Dios ha contado los días de tu reinado y ha señalado un límite. *Tequel,* es decir, "pesado": has sido pesado en la balanza y hallado falto de peso. *Peres,* es decir, "dividido": tu reino ha sido dividido y entregado a los medos y los persas» (Dn 5, 26-28). Esa misma noche, el rey murió a manos de sus sirvientes. La soberbia y la altanería no se atienen a preceptos divinos: transgreden todos los mandamientos, se colocan por encima de toda realidad. El soberbio piensa que él mismo es el que dicta la ley y es la medida de todas las cosas, que puede decidir por sí mismo lo que quiera. Sin embargo, no se ajusta a la talla del ser humano: se sobrepasa. Así se cae de su atalaya. La soberbia le impide ver la realidad, y ésta se venga y acaba con él.

La otra historia bíblica que se aduce para ilustrar la soberbia es la de la torre de Babel: a los humanos se les subieron los humos y pensaron que podían construir una torre que alcanzara hasta el cielo.

Con ello querían hacerse famosos en el mundo entero (Gn 11, 4). Querían que los conocieran en todas partes. Hoy en día, esta tendencia ya no se expresa en construcciones, sino en medios. Hay algunos que quieren ser omnipresentes y calculan su valor en función de las cuotas de pantalla que alcanzan sus programas, y en muchos casos pierden el sentido de la realidad.

El castigo bíblico por esta arrogancia es la confusión de lenguas: cada uno habla un idioma distinto. La gente ya no puede entenderse. Esto también se observa hoy en día: se habla mucho, pero casi siempre de otros. En las tertulias televisivas, cada participante trata de hablar mucho para llamar la atención. No importa el contenido, sino la representación de uno mismo. No hay diálogo, porque el diálogo siempre implica comunidad. Sólo surge el diálogo cuando brota de nuestro corazón. Si sólo hablamos, lo único que hay es parloteo. Hay personalidades que quieren que se hable de ellas para estar en boca de todos. Sin embargo, el parloteo es más bien una señal de soberbia. El diálogo siempre es de tú a tú, mientras que el parloteo puede deslizarse fácilmente por el lado negativo. Entonces ya no se habla sólo positivamente de alguien, sino también negativamente: corren rumores de que fulano… La caída de la atalaya está a punto de producirse.

La soberbia es fruto de la reacción a un complejo de inferioridad. Al no querer reconocer la propia inferioridad, uno se sitúa por encima de los demás y finalmente también por encima de Dios. Se vuelve ciego a la propia condición humana. Hablamos de puntos ciegos que tiene el soberbio: considera que es el más grande, pero su entorno percibe sus flaquezas. C. G. Jung califica la *hibris* de «inflación»: uno se hincha con imaginaciones que sobrepasan la propia talla. Considera que la *hibris* se da en la identificación con imágenes arquetípicas. Las imágenes arquetípicas me ponen en contacto con mis propias habilidades. Sin embargo, cuando me identifico con una imagen arquetípica, no veo mi propia necesidad. Por ejemplo, la persona que se identifica con el arquetipo del sanador se torna ciega a su necesidad de cercanía y a su necesidad de ser especial. Uno se percibe como sanador y se sitúa por encima de todas las demás personas. Se hace el interesante y muy a menudo hace que otros dependan de él. Otras personas se identifican con el arquetipo del profeta y no se dan cuenta de que en el fondo se ocultan su cerrilidad y su ansia de poder. La identificación con el arquetipo del predicador le divorcia de su condición humana. Se siente especial, sagrado y se coloca por encima de otros. El arquetipo del maestro pone con contacto al maestro con sus habilidades. Sin embargo, si siempre no es más que maestro, si se identifica con esta imagen, hace la vida difícil a sus hijos, que desean un padre y no un maestro que continuamente los alecciona. Y choca con resistencias en su círculo de conocidos, porque siempre quiere dar lecciones y se vuelve ciego a su propia persona, que tiene sus limitaciones.

Pero la Biblia no sólo nos cuenta historias en las que se castiga la soberbia o ésta lleva a la perdición. También contiene parábolas que nos muestran cómo superar y transformar la soberbia. Una de ellas es la de la curación de la ceguera. Citaré el ejemplo de la curación del ciego de nacimiento en el Evangelio de san Juan: Jesucristo se opone a interpretar la ceguera del hombre desde el punto de vista psicológico. Sus discípulos le preguntan: «Maestro, ¿por qué nació ciego este hombre? ¿Fue por un pecado suyo o de sus padres?» (Jn 9, 2). Esto apunta a la típica pregunta por la causa. Pero Jesucristo se niega a indagar la causa. Contempla el sentido de la enfermedad: «La causa de su ceguera no ha sido ni un pecado suyo ni de sus padres. Nació así para que el poder de Dios pueda manifestarse en él» (Jn 9, 3), contesta. Por tanto, no se plantea la cuestión de la culpa, sino del sentido de la ceguera. La ceguera se convierte en este caso en el lugar en que puede manifestarse el poder curativo y transformador de Dios. Y conduce a la emergencia del sí-mismo verdadero, en la oportunidad de descubrir el propio sí-mismo verdadero.

Aunque no nos preguntemos por la causa, sí podemos imaginar lo que significaba la ceguera para aquel hombre: es probable que desde niño tuviera experiencias tan terribles que lo único que le quedaba era cerrar los ojos para no ver. Era incapaz de percibir su realidad. La ceguera era un escudo protector frente a dolores insoportables y heridas demasiado profundas. Jesucristo le cura escupiendo al suelo, amasando un poco de lodo con la saliva y extendiéndolo sobre los ojos del ciego. La tierra (en latín *humus)* es aquí un símbolo de la *humilitas,* la humildad. La humildad es el valor de mirar la propia condición terrenal y humana, de contemplar las profundidades de la esencia humana, de descender a las profundidades de una infancia difícil. Jesucristo extiende el lodo sobre los ojos del ciego. Le viene a decir que sólo si está dispuesto a contemplar la suciedad que hay en ti y que ha ocurrido en tu pasado podrás volver a ver. Sin embargo, el ciego no reúne las fuerzas necesarias para contemplar el lodo de su vida.

Por eso, Jesucristo le dice que vaya a la piscina de Siloé. Siloé se traduce por «enviado» (Jn 9, 7). Le ordena que se lave y entonces el hombre vuelve a ver. Podríamos decir que necesita el encuentro amoroso con Jesucristo, que por un lado le confronta con el lodo de su vida, pero que por otro también le libera del lodo al lavarse. Es exclusivamente gracias al trato amoroso que recibe como el ciego es capaz de contemplar su propia realidad. Jesucristo le cura de su ceguera y de su soberbia abordando amorosamente todos los aspectos reprimidos en su interior.

Evagrio Póntico describe la soberbia de una manera drástica: «El demonio del orgullo es el que conduce el alma a la falta más grave. Le incita a negar el auxilio de Dios y a creer que ella misma es la causa de sus buenas acciones. Además, comienza a mirar con desprecio a los hermanos, considerándolos tontos porque no tienen la misma opinión que él. A este demonio le siguen la cólera, la tristeza y el último de todos los males: la turbación del espíritu, la locura, la visión de una multitud de demonios en el aire» *(Tratado práctico,* 14). Para Evagrio, el mayor peligro de la soberbia estriba en que el ser humano olvide su medida y enloquezca en su desmesura.

La soberbia, por tanto, es una enfermedad mental, psíquica. Propone este remedio: «Recuerda tu vida de otros tiempos y tus antiguas faltas, cómo estabas sometido a las pasiones, tú, que por la misericordia de Cristo *(apatheia)* has alcanzado el dominio de ti. Recuerda también cómo el mundo que has abandonado te había causado numerosas y frecuentes humillaciones. Reflexiona: ¿quién es el que te protege en el desierto, quién aleja a los demonios que rechinan los dientes contra ti? Tales pensamientos engendran la humildad e impiden la entrada del demonio del orgullo» *(Tratado práctico, 33)*. Este remedio opera, por tanto, a través del recuerdo: debemos recordar quiénes éramos como monjes y como hombres, que corremos el mismo peligro que las personas por encima de las cuales nos alzamos. Y hemos de tener claro que nuestra transformación no es mérito nuestro, sino el resultado de la acción de Jesucristo sobre nosotros.

Existe aún otra vía para transformar la soberbia: ésta es el sucedáneo de una autoestima sana. Por eso, una vía de sanación pasa por descubrir mi verdadero sí-mismo. Sin embargo, no debo mostrar al exterior este verdadero sí-mismo, no he de impresionar a nadie con él. C. G. Jung distingue por esto el ego del sí-mismo: el ego siempre ha de mostrarse y presumir. El ego siempre se afana por impresionar al otro. Por eso se comporta como si siempre estuviera en un escenario, representándose a sí mismo. El sí-mismo, en cambio, está allí sin más. No tiene necesidad de mostrarse. Es la «rosa sin por qué», de la que Angelus Silesius dice: «La rosa sin un porqué, florece porque florece, no presta atención a ella misma, no se pregunta si uno la ve» *(Peregrino querubínico* I, 289).

El sí-mismo ya no se puede describir. Está ahí, sin más, sin justificarse. Se siente parte del todo, se siente uno con las demás personas. Por eso no necesita destacarse y colocarse por encima de los demás. Disfruta la unidad con todos los seres humanos. Esta experiencia de unidad con todo transforma la soberbia en un sentido de comunidad y libertad. Jesucristo piensa en esta experiencia cuando dice en la última oración antes de morir: «[…] de tal manera que puedan ser uno, como lo somos nosotros. Yo en ellos y tú en mí, para que lleguen a la unión perfecta […]» (Jn 17, 22s). Hemos de ser uno, como lo es Jesucristo con el Padre. Hemos de descender con Jesucristo a las profundidades de nuestro inconsciente para incorporar todo lo que hay en nosotros a esa unidad con el Padre. Entonces se completa la unidad. Ser uno era un ansia ancestral en la tradición griega. La filosofía griega habla del «uno» como el fundamento de todo ser. En la profundidad, todo es conjuntamente uno. Si participamos de esta unidad, entonces desaparece la necesidad de situarnos por encima de los demás, de presumir delante de ellos o de desmedirnos. La experiencia de la unión conduce a la perfección. La palabra griega *teteleiomenoi* expresa que vivimos una profunda experiencia mística: la experiencia de la unidad y del ser puro, en el que ya no hay separaciones. Esta experiencia mística transforma nuestra soberbia.

Ahora bien, en este caso también se corre el peligro de huir de la propia inferioridad a la grandeza espiritual. Entonces uno piensa que ya no necesita relacionarse con gente porque ya se ha fundido con lo divino. Sin embargo, ésta no es una experiencia verdaderamente mística de la unión, sino una huida de la propia necesidad a la fusión con lo divino. Ser uno no significa fundirse, sino devenir uno con el otro. En este proceso de unión sigo siendo yo mismo y otro. Y como tal otro soy totalmente humano, confrontado con mis defectos, flaquezas y necesidades.

Queramos o no, en nuestro interior siempre brotarán pensamientos de soberbia. Solemos colocarnos involuntariamente por encima de otros. Los consideramos inferiores. Nos creemos que tenemos unas cualidades que superan a las de los otros. En la Edad Media había reyes que se lo hacían recordar: «No olvides que eres mortal». Esto debía servirles para librarse de la soberbia. Otra vía consistiría en hacer que la soberbia nos recuerde continuamente: «Yo también soy un ser humano y soy consciente de mis defectos y flaquezas». El encuentro con la verdad propia nos protege de la soberbia. Ahora bien, la soberbia también encierra un grano de verdad: creemos que toda persona es una imagen única de Dios. En este sentido, cada una es especial. No obstante, de lo que se trata es de no colocar mi naturaleza especial por encima de la de los demás. Porque todos somos únicos y singulares, cada persona es una imagen particular de Dios. Por consiguiente, si quiero elevarme por encima de otros, en mi fuero interno debería inclinarme ante ellos. Porque también ellos son una imagen única de Dios. En cada persona brota un secreto, por mucho que en este momento tal vez aún no lo vea. Al ver en cada persona una imagen única de Dios, renuncio a elevarme por encima de ella, y la honro y respeto. Y al mismo tiempo me siento unida a ella. Porque todos somos criaturas de Dios y en el fondo somos uno. Este sentimiento de comunidad y unidad disuelve la soberbia.

Ira

Bernd Deininger

En la historia de la humanidad hasta el día de hoy nos conmociona ver cómo la fuerza bruta del mal, la agresividad, las irrupciones aparentemente inexplicables de la crueldad, de la voluntad fría y calculadora de asesinar, aparecen una y otra vez en forma de masacres y genocidios. Actualmente también contemplamos horrorizados y boquiabiertos el espanto del odio ciego en los países árabes y de la inactividad e indiferencia en gran medida inmorales de la comunidad internacional organizada, que nos recuerda la pasividad y trivialización durante el comienzo del holocausto. Los conceptos de ira, rabia, odio, agresividad y violencia están estrechamente emparentados y sólo se diferencian por sus matices, pero con sus diversas connotaciones son inmanentes al ser humano.

La palabra violencia viene del latín *violentia,* derivada de *vis* (fuerza) y *olentia* (abundancia), y por tanto significa «la calidad de quien actúa con mucha fuerza». No importa si lo que hace es justo o no, y por eso la violencia también está estrechamente emparentada con el poder y la dominación. El poder puede combinarse con una aceptación voluntaria, pero si impone su voluntad, adquiere carácter violento (se dice que el Estado tiene el monopolio de la violencia). Friedrich Hacker explica en su libro *Aggression* (Viena, 1971) que la fuerza bruta es la forma libre y visible en que se manifiesta la agresividad. No toda agresividad es violenta, pero toda violencia es agresiva.

Sigmund Freud se ocupó intensamente del concepto de agresividad y la calificó en su escrito *Más allá del principio del placer* (1920) de expresión de la pulsión de muerte, es decir, de una pulsión que forma parte de la dotación primaria del ser humano. Para Freud, esta pulsión constituía una fuerza destructiva, que guarda relación con conceptos como odio, masoquismo, autodestrucción y hostilidad. La pulsión de muerte tiene para Freud una energía que se forma a partir de la agresividad. Es lo contrario de la pulsión de vida, que opera con la libido y el eros. Freud partía de que la pulsión de vida (Eros) y la pulsión de muerte (Tánatos) inciden en todos los seres vivos, incluida cada célula del organismo. De ello dedujo que además de abrazar la vida, el desarrollo y la procreación, todos los seres vivos también tienden a morir por causas internas.

La pulsión de muerte tiene el aspecto autodestructivo porque se dirige contra el propio organismo. Pero también es posible que se vuelva hacia el exterior y se desarrolle de manera que destruya a otras personas. Kohut ha señalado, en el marco de su teoría de la psicología del sí-mismo, que el bebé desarrolla, en el proceso de percepción de la madre como un ser autónomo, separado de él, una agresividad primaria, no destructiva, que cumple la función de delimitación y con ella el establecimiento de un sentimiento de identidad. Ahora bien, si las necesidades narcisistas vitales se ven frustradas de modo permanente y gravemente lesivo, se genera una rabia narcisista crónica, una forma destructiva de la agresividad.

Erich Fromm diferencia dos formas de agresividad humana. Por un lado, sirve para defender intereses vitales, es decir, la vida. Por otro, se muestra nocivo y socialmente destructivo hasta llegar a la necrofilia. Según Fromm, la forma benigna es en el ser humano y el animal una fuerza propia encaminada a prevenir defensivamente una amenaza. En cambio, la forma maligna no sirve para defenderse de una amenaza, sino que constituye una crueldad gratuita, vivida con placer por el individuo actuante. Constata que no se trata de una pulsión innata, sino que en la destructividad se muestran las amenazas existenciales del ser humano que éste experimenta en determinados contextos sociales. Por ejemplo, cuando a un niño le transmiten sentimientos de vacío e impotencia, si en la familia nuclear impera una atmósfera triste y conflictiva, en el interior del niño se mueren y congelan sentimientos.

Así, los conceptos psicoanalíticos parten de una agresividad primaria del ser humano que abarca aspectos tanto constructivos como destructivos. Los aspectos destructivos se generan principalmente a raíz de experiencias traumáticas vividas durante la primera infancia en las relaciones del niño. La agresividad destructiva debe entenderse como un producto de desintegración que se establece de forma tanto autodestructiva como destructiva de otras personas.

La inclinación del fiel de la balanza hacia una agresividad constructiva o destructiva depende fundamentalmente de las experiencias relacionales del individuo, del desarrollo de su yo y su superyó, así como de la estabilidad de su sistema de autoestima. La investigación en lactantes de los últimos años muestra que la curiosidad del lactante no se basa en una pulsión agresiva de calidad constructiva, sino que las actividades de base biopsicológica podrían constituir más bien un mecanismo de motivación autoafirmativo.

La agresividad puede aprenderse mediante la observación y la imitación de modelos. Además, en muchos casos la agresividad es consecuencia de una frustración. Esto significa, por tanto, que la agresividad no tiene sus raíces primariamente en la naturaleza humana, sino en las circunstancias exteriores, en los comportamientos individuales y sociales del entorno.

Las crisis de relaciones y las guerras, las disputas y la violencia en el seno de la familia, así como la instigación al odio por motivos nacionalistas, constituyen fenómenos que surgen en lo más profundo a causa de las frustraciones. En los tratamientos psicoanalíticos se observa además hasta qué punto el comportamiento de vinculación durante la lactancia influye en el desarrollo de una agresividad destructiva, de rabia y odio. Los vínculos endebles e inestables en la infancia favorecen tanto el potencial agresivo destructivo como la capacidad de soportar la agresividad.

En la descripción de un caso concreto de mi consulta quiero señalar cómo el desarrollo durante la primera infancia influye en la aparición de un potencial agresivo tanto contra el mundo exterior como contra el mundo interior en el sentido de una pulsión autodestructiva y autoagresiva. En particular, la humillación por parte de los padres puede generar vergüenza y rabia con consecuencias duraderas en el desarrollo del conjunto de la personalidad.

El señor R. acudió a la consulta psicoterapéutica buscando tratamiento de su apatía y de los trastornos del sueño que padecía. Asimismo, informó de que sufría muchos problemas físicos, como la dificultad para respirar por la noche, taquicardia, ataques de vértigo y dolores de cabeza. En situaciones de estrés tenía a menudo diarrea. De profesión era pastor de una parroquia. Desde hacía tres años mantenía una relación con una mujer casada, a la que había conocido en el curso de su actividad profesional, lo que le causaba muchos complejos de culpa.

El señor R. se crio en una pequeña ciudad. Era el mayor de dos hermanos y rivalizaba mucho con su hermano menor. El padre era un prestigioso arquitecto y dirigía un gabinete de arquitectura muy solicitado. Nunca logró establecer un buen contacto emocional con el padre. Éste le rechazaba, reprochándole que fuera afeminado y demasiado tonto para las cosas que suelen hacer los hombres, de modo que no valía la pena que le enseñara nada. En cambio, el padre sí se relacionaba mucho con el hermano menor: desde que iba a la escuela primaria se lo llevaba a la oficina, le dejaba dibujar planos y lo llevaba consigo de excursión en moto, cosa que a él nunca se lo ofreció.

El padre era un hombre atractivo y tenía muchas admiradoras. Cuando tenía 14 años, R. lo vio una vez paseando por el parque junto con una mujer de larga cabellera rubia, y tuvo la sensación de que el padre le rodeaba la cintura con el brazo.

Debido al rechazo del padre, R. mantuvo un vínculo muy estrecho con la madre. Era una mujer tímida y religiosa: lo que más le interesaba eran la religión y la iglesia. Sólo salía de casa para acudir a actos religiosos. Cuando él era niño, la madre lo llevaba regularmente a la iglesia. Recordaba que el padre se burlaba de él cuando volvía de la iglesia con la madre, diciendo: «Ya está aquí el hijito de mamá».

Una cosa que le marcó fue el hecho de que su abuela por parte de madre perdiera la vida en un accidente de tráfico. En aquel momento, la madre tenía 8 años. El abuelo volvió a casarse y la madrastra despreciaba a la madre y la trataba como a una «cenicienta». El abuelo tuvo con la madrastra dos hijos más. La madre tenía 12 y 14 años cuando nacieron sus hermanastros. La madrastra se ocupó entonces de que la madre dejara la escuela (el instituto), completara a los 15 años un aprendizaje de ama de casa y se fuera de casa a los 17 años de edad. Fue más o menos entonces cuando conoció al padre, con el que se fue a vivir, pues le estaba agradecida por ofrecerle un hogar y un «nido». La madre se sometió completamente al padre, cubriéndole las espaldas en todos los ámbitos, de modo que tanto en su actividad profesional como en todo lo demás podía hacer o dejar de hacer lo que le viniera en gana.

La madre del señor R. le dijo a menudo que él era para ella el ser humano más importante en la vida y que sin él la vida no tendría ningún sentido. En la pubertad pensó a menudo que debía permanecer fiel a la madre para siempre.

Cuando estaba a punto de terminar el instituto, la madre le preguntó repetidamente qué profesión le gustaría ejercer. Puesto que las matemáticas y la física se le daban bien y le interesaban mucho las ciencias naturales, en realidad quería ser ingeniero, tal vez también para demostrar al padre que sí que era un hombre de verdad. Sin embargo, finalmente optó por estudiar Teología, pues ése era el deseo de la madre.

En la escuela tuvo pocos amigos, era más bien esquivo, y se relacionaba sobre todo con grupos juveniles de la parroquia. Allí le apreciaban y le infundían seguridad. Nunca participó en discusiones con sus compañeros de clase sobre fútbol, sexualidad y mujeres. Sin embargo, en el fondo desde la pubertad se sentía atraído por las chicas.

En su época de estudiante y después no se relacionó con ninguna mujer. Después de cumplir 30 años notó en su interior, casi siempre sin motivo aparente, un fuerte sentimiento de ira, que era tan intenso que llegó a lanzar objetos contra la pared. Solía tirar vasos de vidrio, y al recoger los cascos rotos se hacía adrede cortes en la mano para sentir el dolor. Posteriormente observó que los ataques de rabia guardaban relación, en muchos casos, con fantasías y necesidades sexuales. Por ejemplo, cuando rechazaba las ganas de masturbarse, al cabo de poco tiempo solía venirle un ataque de ira. Cuando salía de colonias con grupos juveniles y veía a chicas de 16 o 17 años que le parecían atractivas, a menudo chocaba contra sus pechos como por casualidad y se las imaginaba desnudas. A raíz de estos actos solía castigarse provocándose una erección del pene y golpeándolo después con un trozo de manguera de jardín hasta que se volvía azul y se quedaba fláccido. Al hacerlo sentía a menudo placer.

Al cumplir 40 años fue a solas con su madre a cenar en un buen restaurante. Era como si fueran una pareja enamorada. Ésa fue la última velada con su madre, porque cuando poco después ella se fue con el padre de vacaciones, el coche en que iban se salió de la calzada mojada y chocó contra un árbol; la madre murió en el acto, mientras que el padre no sufrió más que algunas heridas leves. Desde entonces no pudo hablar con el padre sobre la muerte de la madre. En el proceso terapéutico se descubrió que la madre había tenido el mismo destino que la abuela: esta última también había perdido la vida en un accidente de tráfico durante las vacaciones y con la calzada mojada por la lluvia.

Con la muerte de la madre, la vida del señor R. cambió por completo. Por un lado, el accidente le conmocionó, pero por otro se le cayó un peso de encima, como comunicó después. Por primera vez tuvo la sensación de que podía relacionarse con mujeres sin tener mala conciencia.

Dos años después de la muerte de la madre, el padre se casó con una mujer ocho años más joven. Él mismo tuvo cinco años después de la muerte de la madre el primer contacto íntimo con una mujer. Ella era diez años más joven que él y madre de un niño que se preparaba para la comunión. Al término de una sesión de lectura colectiva de la Biblia, ella se había quedado en la sacristía con la excusa de querer comentar una cuestión. Cuando todos los demás se habían ido, ella se sentó con las piernas abiertas sobre una mesa y se quitó las bragas. Él recordaba que ella llevaba una falda estampada con flores y que se excitó tanto que «se abalanzó sobre ella como un animal». Después mantuvieron regularmente intensos contactos sexuales, pero que cada vez más venían acompañados de fuertes agresiones.

Le llamó la atención que cuanto más violento se mostraba con la mujer, tanto más placer le deparaba el contacto sexual. A menudo le arrancaba la ropa con tal fuerza que la destrozaba; también le infligía leves heridas, y apreciaba que ella se defendiera. Con la intensificación de los actos agresivos contra su amiga también aumentaron las agresiones contra él mismo. Así, se golpeaba con un látigo contra la espalda hasta que sangraba, utilizaba a menudo la manguera de goma para golpearse el pene y cuando estaba solo gritaba palabras obscenas, tras lo cual volvía a castigarse a base de golpes. Esto último le daba una sensación de alivio.

Cuando en la tarde de un sábado se disponía a preparar, junto con su amiga, la misa del domingo colocando flores en el altar, de pronto tuvo un ataque de ira y tiró el florero al suelo y lo rompió en mil pedazos, arrancó la ropa del cuerpo de la mujer, la tumbó sobre el altar y la penetró. Su amiga dijo después que esto había sido especialmente placentero para ella y que nunca antes había tenido una sensación tan intensa de pasión. Él recordó que después de este acto se golpeó repetidamente con la cabeza contra el altar hasta que sangró. Posteriormente mantuvo repetidamente contactos sexuales sobre el altar, y en estas ocasiones él sentía alivio y al mismo tiempo agresividad. Después de un encuentro muy apasionado soñó con su madre, que le dijo que estaba actuando bien y que ella lamentaba que en la vida tuviera que haber dejado de vivir tanta pasión. Este sueño se repitió.

El contacto con el padre mejoró. Pudo preguntarle por qué siempre le había tratado como el hijito de mamá. El padre le dijo que se había sentido excluido por él y por la madre y que tenía la sensación de que la madre le quería más a él, el hijo, que no al marido. Después de esta conversación emprendieron entonces «actividades masculinas» conjuntas de forma más regular: el padre le invitaba a ver partidos de fútbol y acudía con él regularmente al bar a beber cerveza con la gente del barrio.

El señor R. se crio en el seno de una familia de clase media. La relación con la madre estaba cargada de ambivalencias. Ella lo vinculó emocionalmente de manera intensa a su persona y de este modo dificultó enormemente el desarrollo de su personalidad. Transmitió a su hijo la rabia y la decepción que sentía ella con respecto a su madre (la abuela de R.), que «la había abandonado». El padre no estuvo disponible como referencia masculina: lo ninguneó, prefirió al hermano menor, lo avergonzó y despreció. Esta actitud del padre lo empujó cada vez más hacia la madre, quien a su vez lo utilizó como objeto para encontrar un sentido para su propia vida. Debido a la cercanía con la madre, se ganó el odio del padre y del hermano. La cercanía de la madre y la utilización emocional por parte de ésta le impidió desarrollarse como hombre. Cuando notó en la pubertad sus incipientes impulsos sexuales, vivió esta situación exclusivamente con sentimiento de culpa, en particular también por el hecho de que desarrolló deseos incestuosos con respecto a la madre.

En el curso del proceso terapéutico se dio cuenta de que a menudo deseaba ocupar el puesto del padre, pues creía que podría hacer más feliz a la madre. El sentimiento de tener que mantenerse fiel a la madre se originó en ese momento, lo que hizo que no pudiera acercarse a ninguna otra mujer. Reprimió sus deseos libidinosos, que se desplazaron a los síntomas físicos, los trastornos en el trabajo y los controles que se impuso. Cuando después de la muerte de la madre se permitió su primera relación sexual, la pasión y el placer se vinculaban a la autodestrucción y la autoagresión. En esta primera relación notó cómo los sentimientos de cercanía y de odio aparecían al mismo tiempo, mostrándose el odio básicamente de manera autodestructiva.

En la relación con la mujer casada pudo ejercer por primera vez la virilidad que le recordaba al padre. A través de esta sexualidad apasionada se acercó en su fantasía a la experiencia emocional del padre, pero al mismo tiempo percibía el lado contrario al placer y de rechazo de la madre, a la que se sentía muy vinculado. La vivencia placentera se vio confrontada con la vergüenza y con sentimientos de culpa, lo que le acercaba a la madre.

El hecho de que sintiera el placer de forma más intensa en la iglesia y sobre el altar indica que quería mostrar a Dios su vivencia pasional. Deseaba que el Dios masculino paterno lo aceptara y pudiera reconocerle cuando mostraba su vergüenza.

El mensaje que recibió en el sueño con su madre le indicó que el Creador también podía reconocerle y amarle en su lado placentero, sin condenarlo. El hecho de que en realidad su amante perteneciera a otro hombre activó la temprana relación entre el padre, la madre y él. En la relación bilateral de sus progenitores, él se sentía un intruso. Cuando entendió esto, pudo poner fin a la relación con la amante.

Sus temores a la muerte y la aniquilación que le invadían debido a la historia de la abuela materna y de la madre, y el miedo a sufrir él mismo un destino similar, se disiparon en la medida en que pudo superar también la relación emocional con la madre y las identificaciones tempranas con ella. En el curso del proceso terapéutico consiguió establecer una relación confiada, cosa que estabilizó sustancialmente su autoestima. La sensación de no verse despreciado por experiencias que le causaban vergüenza le permitió desarrollar una identidad masculina más adecuada. Esto modificó asimismo su imagen de Dios, que pasó de ser un Dios castigador y negativo a un Dios amoroso que le aceptaba con sus defectos y flaquezas.

En este contexto, para él fue importante que la relación efectiva con el padre se volviera tan positiva que podía experimentarse ante él como un hombre igual. La relación con el hermano, que vivía fuera de Europa, siguió siendo difícil, pero gracias a la seguridad en sí mismo que había adquirido pudo mantener un contacto distanciado con él. Las tendencias autoagresivas y la agresividad frente al mundo exterior se redujeron sustancialmente.

Declarar la agresividad y la rabia, así como los hábitos autodestructivos que había desarrollado el señor R., simplemente como una expresión directa y elemental de una fuerza básica de la vida, es decir, describirlos como una pulsión agresiva original para atribuirlos en lo esencial al narcisismo, puede responder a nuestra necesidad de encontrar una explicación causal simple, pero se contradice, como en nuestro caso, con la experiencia del trabajo práctico. La experiencia terapéutica enseña que una vergüenza existencial, la utilización como objeto emocional y la injusticia de verse ninguneado dan lugar a la autocondena, al autodesprecio y al autocastigo. El tratamiento de estos procesos, que se desarrollan en una fase temprana de la vida, puede hacer que a través de la oferta de una relación estable se manifieste una nueva forma de relación con Dios.

Anselm Grün

El Bosco representa la ira en el cuadro consabido mediante una escena en que unos borrachos se pelean entre ellos. Por lo visto, la embriaguez despierta la ira. Entonces, la gente combate y se hiere mutuamente. En otros cuadros, la ira se representa en la figura de un guerrero que blande la espada. A veces, el guerrero lleva en la otra mano una antorcha encendida. La ira puede ser como un fuego que incendia todo. Una representación muy frecuente de la ira consiste también en que unas personas se enzarzan a golpes debido a un consumo excesivo de alcohol. A menudo, los símbolos animales que acompañaban a la ira eran un león o un oso.

Distinguimos en este terreno entre ira, cólera, furia y rencor, y a menudo estas palabras se emplean casi como sinónimos. La palabra «ira» viene del latín, mientras que «cólera» se debe a que en la Edad Media se creía que este sentimiento de debía a un calentamiento de la bilis (*cholera* en latín). A su vez, «furia» proviene también del latín, lengua en la que significa más bien un arrebato de locura, un acceso demente. «Rencor» procede del verbo latino *rancere,* volverse rancio, y representa más bien un sentimiento de amargura. Mientras que los tres primeros términos describen un estado de ánimo que se manifiesta también externamente, el rencor es un sentimiento que domina a la persona, que quisiera ponerse a gritar de rabia, pero que se reprime y por eso todo su interior está lleno de rencor.

La ira es una forma de agresividad. La agresividad misma es una fuerza positiva, pues pretende regular la relación entre cercanía y distancia. Sin embargo, la ira puede desgarrar internamente a la persona. Para C. G. Jung, el peligro de la ira es que puede llevar a la persona a un cisma interior. Evagrio Póntico ya escribió en el siglo IV una interpretación psicológica muy sabia de la ira: «La pasión más vehemente es la cólera. La definen, en efecto, como un arrebato de la parte irascible del alma y un movimiento contra aquel que nos ha perjudicado o que creemos que lo ha hecho. Exaspera el alma durante todo el día, pero especialmente durante las oraciones, apoderándose del espíritu y representándole el rostro de aquel que la ha perturbado. En algunas ocasiones, cuando se prolonga y se transforma en resentimiento, provoca –por la noche– sensaciones tales como debilitamiento del cuerpo, palidez, asaltos de bestias venenosas. Estos cuatro signos, que siguen al resentimiento, se los puede encontrar acompañados de numerosos pensamientos» *(Tratado práctico,* 11). John Eudes Bamberger, abad de un monasterio trapense norteamericano, que había sido psiquiatra, opina sobre esta descripción de Evagrio: «Esta interesante y exacta descripción de la dinámica de la ira desproporcionada la aprecian sin duda sobre todo aquellos que están familiarizados con determinadas formas de la esquizofrenia» (Bamberger, 73). Por tanto, la ira también puede dividir internamente a la persona. C. G. Jung tuvo una experiencia similar. Piensa que a veces la ira es tan fuerte que el yo ya no se puede defender de ella. Esta situación la observó a menudo en el comienzo de una esquizofrenia (véase Jung, *Obras Completas,* volumen 8). Una ira intensa puede dar lugar a alucinaciones que anulan el pensamiento del ser humano.

Sin embargo, Evagrio también habla de la ira justa. «La naturaleza de la parte irascible la lleva a combatir los demonios para alcanzar el placer, cualquiera sea éste» *(Tratado práctico,* 24). La ira puede ser una fuerza positiva cuando nos volvemos airados contra pensamientos negativos. La ira también puede ser la fuerza necesaria para distanciarnos de otra persona que traspasa nuestros límites. La ira es entonces la energía que nos permite defender nuestros límites.

Dos historias bíblicas nos cuentan manifestaciones de ira justa de Jesucristo. Una es la de la sustitución del templo: Jesucristo acude al templo y ve en él a comerciantes y cambistas y los puestos de los vendedores de animales para el sacrificio. Vuelca las mesas y expulsa a los comerciantes del templo. En el Evangelio de san Juan se dice incluso que «hizo un látigo de cuerdas y echó fuera del templo a todos, con sus ovejas y bueyes; tiró al suelo las monedas de los cambistas y volcó sus mesas» (Jn 2, 15). Un hombre solo necesita tener mucha fuerza para echar a los comerciantes y cambistas y los bueyes y ovejas. Los discípulos recuerdan también la frase: «El celo por tu casa me consumirá» (Jn 2, 17). Es una ira santa, que lucha por la dignidad del templo. La ira de Jesucristo no se dirige en este caso contra personas concretas, sino contra un estado de cosas que él no puede tolerar, porque destruye el carácter sagrado del templo. Por tanto, la ira puede ser celo por lo bueno: se lucha por la vida. Y para ello se precisa a menudo la fuerza de la ira o, dicho de forma más objetiva, la fuerza de la agresividad.

La otra historia es la de la curación del hombre con la mano atrofiada. Los fariseos observan a Jesucristo para ver si lo cura en sábado y quebranta así la ley judía. Jesucristo se encara con ellos y les pregunta si el sábado está permitido «hacer el bien o hacer el mal; salvar una vida o destruirla» (Mc 3, 4). Pero ellos permanecen callados. No se plantean la pregunta, sino que mantienen un frío silencio obstinado, tras el cual se oculta su altanería. San Marcos describe así la reacción de Jesucristo: «Mirándolos con indignación y apenado por la dureza de su corazón, dijo al hombre: "Extiende la mano"» (Mc 3, 5).

Jesucristo no levanta la voz, iracundo, ante los fariseos. No tiene un arrebato de cólera. La ira es más bien la fuerza que le permite distanciarse de los fariseos. Éstos están ahí con su dureza del corazón. Pero esto es su problema, y Jesucristo no otorga ningún poder a esta dureza del corazón. La ira le distancia de los fariseos y lo libera de su poder, y él transforma la ira en una fuerza clara. Jesucristo no deja que los fariseos le digan qué tiene que hacer. Hace lo que le dicta su propio corazón. No obstante, además de la ira, aquí también se describe la pena, que en griego se denomina *syllypoumenos*. Jesucristo siente con los fariseos, nota en su interior la pena por su dureza del corazón. Siente compasión y quisiera extenderles la mano. Pero ellos no la aceptan, sino que salen en silencio y deciden matar a Jesucristo.

La ira es para Jesucristo la fuerza para liberarse del poder de los fariseos y hacer lo que entiende lo que es su misión encomendada por Dios. En su rabia contra los fariseos, a quienes reprocha que su idea de la ley destruye vidas, se dirige al hombre con la mano atrofiada y le ordena con fuerza: «Extiende la mano». Necesita la agresividad para tomar la vida misma en su mano y configurarla él mismo. Quien carece de agresividad –como el hombre de la mano atrofiada–, no irradia fuerza. No deja de ser espectador; se retira para no pillarse los dedos; se adapta. Pero Jesucristo quiere a la persona activa, que aborda la vida con fuerza y la toma en sus propias manos.

La ira puede darse en forma de rencor, rabia y amargura, incluso de odio. En cada una de estas emociones hay energía encerrada. Por eso, nuestra tarea es hacer que esta energía sea fértil para nosotros. Esto sólo lo conseguiremos si transformamos la ira. Quisiera exponer brevemente cómo puede producirse esta transformación.

No se trata de reprimir la rabia, pero tampoco puedo vivirla como si nada, pues en este caso hago daño a otras personas y en última instancia también a mí mismo. Se trata más bien de transformar la rabia en una fuerza positiva. Porque detrás de la rabia se oculta una gran energía, y esta energía la necesitamos para vivir y la reconocemos cuando nos interrogamos por nuestra ira.

La primera pregunta sería: ¿está justificada la ira? ¿Se rebela contra algo que nos dificulta la vida a nosotros mismos y a otras personas? ¿O bien no es más que la manifestación de nuestro ego herido, que reacciona enfurecido porque no se cumplen sus caprichos infantiles? En el primer caso se trata de transformar la rabia en una estrategia acertada en defensa de lo que favorece la vida. En el segundo caso se trataría, como describe Bernd Deininger, de buscar las causas de la ira desmesurada en la infancia y trabajar con otra persona las experiencias de «vergüenza existencial, la utilización como objeto emocional y la injusticia de verse ninguneado». Esta labor puede disolver poco a poco la forma negativa y destructiva de la agresividad y transformarla en una fuerza positiva.

Una joven policía me contó que algunas personas mayores, que podrían ser sus abuelos o abuelas, reaccionan enfurecidas y la insultan groseramente cuando ella las para en un control y las interroga. Esta rabia es la manifestación del capricho infantil de querer siempre andar tu propio camino sin que nadie te moleste. Esos «ciudadanos furibundos» pasan por alto que la policía no controla porque sí, sino para proteger vidas. Los propios caprichos infantiles adquieren un valor absoluto, y estas personas piensan que su rabia está justificada, porque la policía representa para ellas el enemigo. Se sienten autorizadas a oponerse a la policía porque ésta les limita en su aspiración a la plena libertad y al libre albedrío. Sin embargo, la justificación de su rabia no hace más que tapar su propio infantilismo. La agente necesita la ira para protegerse internamente de los insultos. La ira es como un escudo que sostengo delante de mí para repeler los ataques del otro. Cuando transformo la rabia en fuerza, entonces me sienta bien. Esta fuerza no se dirige contra los demás, yo no lucho contra ellos, sino que me defiendo de ellos. Cuando la ira me protege del ataque del otro, entonces yo debería penetrar a través de mi ira en el espacio interior del silencio al que no pueden acceder ni la ira ni los ataques de otros.

La ira tiene la misión positiva de hacernos abandonar el papel de víctima. Hay personas que prefieren permanecer en el victimismo. La culpa de que las cosas les vayan mal la tienen siempre los demás. A veces también somos víctimas de lesiones o difamaciones. Es importante aceptar el hecho de ser víctima, pero no debemos anclarnos en el victimismo. Hemos de despedirnos de él, porque si siempre nos sentimos víctimas, emitimos una energía agresiva, pero al mismo tiempo destructiva. Hemos de transformar esa energía agresiva en energía positiva. La rabia es una buena vía para abandonar el papel de víctima. Es cuando me digo que no dejaré que quien me ha herido me estropee la vida. Tengo el orgullo de vivir por mí mismo.

Me hago cargo de mi propia vida. Transformo la rabia en orgullo, para demostrarle al otro que sé vivir por mí mismo, que sé hacer algo de mi vida y que el otro no tiene la capacidad de destruirla.

Es bueno que reconozca que a menudo mi rabia es una reacción a mi complejo de inferioridad. Pero no me paro a lamentarme de ello, sino que tomo la rabia como una energía activa que me pone en contacto con mi fuerza interior para que me haga cargo de mi propia vida y siga mi camino con la cabeza alta. La rabia me motiva a no permitir que otros me estropeen la vida. Expulso de mí a quienes me perjudican, les prohíbo, por así decirlo, entrar en mi casa. En mi casa no pienso en ellos. Por tanto, la rabia ha de transformarse en una fuerza que me protege a mí y a mi sí-mismo interior y se defiende contra todo que me dificulta la vida y me perjudica. Entonces no me desato ciego de rabia, sino que la transformo en una agresividad vidente, en una fuerza que observa con precisión para distinguir entre lo que me ayuda a vivir y lo que no.

A mí personalmente, los salmos me ayudan a transformar la ira en fuerza. Nos muestran concretamente cómo puede funcionar la transformación de la ira y la rabia en confianza y júbilo. El salmista expresa su furia sobre sus enemigos que lo combaten. Pero con su rabia siempre se dirige a Dios. Y deja en manos de Dios la respuesta a los malhechores. Con su rabia no combate contra sus enemigos, sino que confía en que Dios le hará justicia. El salmista puede expresar su rabia con imágenes potentes: «¡Queden avergonzados y confusos los que buscan mi muerte!... Que su camino se vuelva oscuro y resbaladizo, acosados por el ángel del Señor» (Sal 35, 4 y 6). Pero entonces el orador se dirige a Dios y le alaba por su compasión: «Pero que se alegren y gocen los que desean mi triunfo, repitiendo sin cesar: "Grande es el Señor, que desea la paz a su siervo"» (Sal 35, 27). La oración misma es para el salmista una vía para expresar todos los sentimientos, como la rabia y la ira, delante de Dios. El hecho mismo de expresar la rabia puede transformarla. Pero sobre todo se transforma a través de la mirada a Dios. No puedo utilizar a Dios simplemente para que luche por mí. He de dejar que juzgue él mismo. Y delante de él manifiesto mi ruego de que no me deje solo, sino que me ayude. La rabia se transforma entonces en confianza y júbilo, en un júbilo lleno de fuerza, que todavía lleva dentro la fuerza de la rabia.

Si no transformamos nuestra rabia, sino que nos dejamos dominar por ella, puede convertirse en odio o traducirse en amargura. Entonces estamos contra todo y todos. Estamos interiormente amargados. San Benito habla de la «murmuración» como el vicio principal de los monjes. Al murmurar expreso mi insatisfacción, mi disgusto y mi ira contra las condiciones en las que vivo. No estoy dispuesto a reconciliarme con mi comunidad ni con las circunstancias de la vida, como por ejemplo el clima frío o caluroso. No me gusta la comida y murmuro cuando hoy me ponen precisamente ésa. El gruñón está en contra de todo. Pero se amarga cada vez más. Siempre está descontento, de mal humor, quejumbroso. No es fácil convivir con una persona así. La cuestión es qué se esconde tras esta actitud. A menudo son deseos infantiles que la vida no le proporciona. Puesto que no consigue lo que se imaginaba, murmura. O es la incapacidad de reconocerse a sí mismo. Puesto que uno no puede aceptarse con su antagonismo, proyecta todo lo que no puede aceptar de sí mismo al mundo interior: éste tiene la culpa de que las cosas no me vayan bien. Pero si proyecto todas mis facetas reprimidas al mundo exterior, impido todo desarrollo en mi interior. Me mantengo en mi condición infantil. La transformación del gruñido implicaría que aprenda poco a poco a reconciliarme conmigo mismo en mi antagonismo y con las condiciones en las que vivo. He de despedirme de la idea infantil de un país de jauja en que recibo todo lo que deseo.

San Benito advierte siempre frente al vicio de la murmuración. Y muestra dos vías por las que los monjes pueden transformarlo. A menudo, el motivo del refunfuño es que no se cumplen los deseos propios con respecto al lugar. Cuando éste es el caso, cuando por las condiciones locales no se puede adquirir la cantidad normal de alimento y bebida, ordena que los hermanos «bendigan a Dios porque habitan en ese lugar y no murmuren. Esto recomendamos ante todo: que eviten siempre la murmuración» (RB 40, 8s). Alabando a Dios desde los problemas y la escasez, cambio de estado de ánimo.

Dejo de murmurar y siento otra emoción. Porque alabar a Dios ensancha el corazón y deja que en él penetren sentimientos distintos de la amargura y la murmuración.

En el capítulo 34, san Benito muestra otra vía de transformación. En este caso de trata de lidiar con las necesidades propias: «Por eso, aquel que necesite menos, dé gracias a Dios y no se entristezca; pero el que necesite más, humíllese por sus flaquezas y no se enorgullezca por las atenciones que le prodigan. Así todos los miembros de la comunidad vivirán en paz» (RB 34, 3-5). Murmuramos cuando no se satisfacen nuestras necesidades. San Benito formula un sabio consejo: hemos de confesarnos nuestras necesidades, pero con toda humildad. No debemos convertirlas en una exigencia. Podemos anunciar nuestra necesidad, pero no tenemos derecho a que sea satisfecha. Quien tenga menos necesidades, que dé gracias a Dios por ello. Después no se compara con los demás, sino que se centra en sí mismo, agradecido por lo que Dios le da. Pero esta gratitud no debe dar pie a que se sitúe por encima de quienes necesitan más. Más bien debe aceptar a los demás en su necesidad y desearles que reciban lo que precisan, para poder vivir en paz interior.

San Benito no sólo lucha contra la murmuración que envenena a la comunidad. Es suficientemente realista para saber que sus monjes, a pesar de su afán espiritual, también tienen ocasionalmente arrebatos de ira. En tres pasajes de la Regla menciona remedios contra la ira. Los dos primeros pasajes se hallan en el capítulo IV, donde san Benito enumera instrumentos del arte espiritual. El texto dice: «No consumar los impulsos de la ira» (RB 4, 22). No podemos evitar que nos invada la ira, pero no debemos dejar que sus impulsos se conviertan en actos. Esto significa que no debemos expresar la ira con graves insultos ni actuar de manera que perjudiquemos al hermano. La segunda vía es parecida: «[…] ni guardar resentimiento alguno» (RB 4, 23). En latín, el texto dice en este punto: *iracundiae tempus non reservare*. La ira nos invadirá, pero no debemos reservarle tiempo. No debemos entregarnos a fantasías de venganza e imaginar qué rabiosas palabras lanzaremos sobre el hermano o cómo podremos perjudicarle. Tales cavilaciones nos debilitan y dan fuerza a la ira.

La tercera vía que propone san Benito se refiere a la ira del otro: cuando un hermano está enojado conmigo e interiormente agitado, entonces debo postrarme ante él en el suelo y permanecer así «hasta que con una palabra de bendición le demuestre que se ha pasado su enojo» (RB 71, 8). Esto suena exagerado y hoy en día es difícilmente practicable. Sin embargo, la última observación es a mi juicio importante: «usque dum benedictione saneturilla commotio» = «hasta que con una palabra de bendición le demuestre que se ha pasado su enojo». La bendición puede superar la ira del otro. Jesucristo mismo dio un consejo parecido: «Bendecid a los que os maldicen» (Lc 6, 28). Si bendigo a quien me maldice, que está furioso conmigo y me insulta, la bendición puede curar su rabia. Antes que nada, la bendición me cura a mí mismo. No permanezco atascado en la ira frente al otro. No me digo todo el rato qué infame es el otro, porque me ha insultado así y me ha lanzado palabras tan hirientes. Me levanto y le envío la bendición. Ésta no significa el ruego de que el otro reconozca su culpa y su ira. Más bien, la bendición ha de penetrar en él para que se ponga en consonancia consigo mismo. Calma la agitación del otro. Y cuando está en paz consigo mismo, también se relacionará de otra manera conmigo y yo con él. Así que la bendición puede curar una y otra vez la ira que pueda aparecer entre los hermanos de una comunidad.

Evagrio da un consejo más, que san Benito también retoma en el capítulo 4 (RB 4, 73): «"Que el sol no se ponga sobre nuestra irritación" (Ef 4, 26), por temor de que los demonios, apareciendo por la noche, siembren el terror en el alma y dejen el espíritu acobardado para el combate del día siguiente. En efecto, las visiones aterradoras nacen de la turbación de la parte irascible, y nada empuja tanto al espíritu a desertar cuando la parte irascible está turbada» (*Tratado práctico,* 21). Evagrio se refiere con estas palabras a Ef 4, 26, donde se dice: «Si os dejáis llevar de la ira, que no sea hasta el punto de pecar y que vuestro enojo no dure más allá de la puesta de sol». Sin embargo, Evagrio no interpreta este verso en clave moralizante, sino psicológica: no es bueno para el alma dar cancha a la ira durante la noche, porque esto influye negativamente en los sueños. Y los sueños mermarán al día siguiente la fuerza de la persona. El propio san Benito interpreta este verso teniendo en mente una acción concreta. «[…] hacer las paces antes de acabar el día con quien se haya tenido alguna discordia» (RB 4, 73). A mí me ha impresionado siempre ver cómo nuestro aparejador, el hermano Balduino, que no siempre lo tuvo fácil con los hermanos en la obra, se tomaba en serio esta frase de las Reglas de san Benito. Antes de acostarse llamaba al hermano con el que había tenido una discusión, y esto le evitó caer en la amargura durante la difícil tarea de coordinar a los distintos operarios.

Todas las vías que ha concebido la tradición espiritual para transformar la ira, el rencor y la amargura conducen al final a la transformación del propio ser humano. No sólo se trata de controlar la ira como síntoma, sino de tratar estas pasiones de manera que ya no nos dominen, que dejen de ser «pecado mortal», y así transformarnos. Con el modo de abordar las pasiones hemos de abrirnos a la vida de Dios en nosotros. Esta vida de Dios en nosotros está llena de fuerza y pasión, de una pasión que no crea sufrimiento, sino que sirve a la vida y despierta la vida en nuestro interior y en las personas. Cuando contemplo al hermano Balduino con sus 96 años a la espalda, reconozco en él –que se atiene a las recomendaciones de san Benito sobre la manera de tratar la ira– a una persona transformada, que se ha vuelto sabia y benigna. Ha conocido la ira y el rencor en su corazón, pero no se ha dejado dominar por esos sentimientos, sino que los ha atravesado para impregnarse cada vez más del espíritu de Jesucristo.

Avaricia

Bernd Deininger

La avidez constituye en cierto modo la base de muchas pasiones y pulsiones que se manifiestan en la vida humana. Que si nos gusta comer y beber bien, que si aspiramos a tener riqueza, poder y prestigio, que si ansiamos que nos quieran y nos deseen, en todos estos casos la fuerza motriz subyacente es siempre la avidez, el afán de poseer, que se concreta en forma de avaricia o codicia.

¿Qué significa esto? El ser humano desea algo, siente avidez por ello, lo necesita. Necesitamos apropiarnos de algo para sentirnos llenos, de lo contrario estamos vacíos. Nuestra existencia física depende de la ingestión de alimentos, sin ésta moriríamos. De ahí que el hambre sea, junto con la sed, la pulsión más fuerte. El lactante no es capaz de alimentarse por sí mismo. Dependemos de la aportación por parte de otras personas en un doble sentido: físicamente de los alimentos, y anímicamente del contacto, el cariño y la pertenencia. Del mismo modo que ingerimos, digerimos y procesamos los alimentos y con ello nuestro cuerpo se desarrolla y crece, también recibimos alimentación anímica en forma de atención, cercanía y amor, que digerimos para crear una estructura anímica que, análogamente a los procesos físicos, da lugar al desarrollo psíquico.

Si la alimentación anímica es insuficiente, puede desarrollarse una codicia que acabe dando lugar a diversas formas enfermizas. En este caso, la avidez se manifiesta como una dependencia, por ejemplo, de una droga, de la comida, del sexo y de otras cosas por el estilo. Llama especialmente la atención la ambivalencia entre querer tener y querer no tener, la avaricia y el rechazo de la avaricia, en relación con los trastornos de la alimentación. El bulímico ingiere todo, come con avidez, tiene ataques de hiperfagia, como si estuviera a punto de morir de hambre. El anoréxico, en cambio, rechaza los alimentos, cree que comer le perjudica y teme la dependencia. La persona anoréxica carece de avidez, pero si observamos más de cerca, veremos que tras el rechazo de la avidez se oculta una avidez tanto más poderosa. A menudo se producen verdaderas irrupciones de la pulsión con auténticos atracones, en los que por tanto se comete justamente lo que se rechaza ante los demás. Después de estos ataques, estas personas se provocan el vómito. La causa de estos trastornos radica en el desorden temprano de las relaciones entre la referencia objetiva primaria, casi siempre entre la madre y el lactante, y la escasez de alimentación anímica.

Más difícil de abordar es el concepto de curiosidad, es decir, la avidez de cosas nuevas. La curiosidad es una cualidad natural básica del ser humano y sirve para su desarrollo. Es probable que, si no tuviéramos esa curiosidad que nos hace indagar y explorar, seguiríamos viviendo en oscuras cuevas como en la Edad de Piedra. Como seres naturales queremos sobrevivir, como seres culturales también buscamos una vida agradable y cómoda. Por eso, desde que comenzó el desarrollo cultural, los humanos no sólo crean armas útiles para la caza y la defensa, sino que siempre se esfuerzan asimismo por crear un entorno placentero para los sentidos por medio de la pintura, la música, la danza y la literatura. La curiosidad es, por tanto, un patrimonio natural y como patrimonio cultural es indispensable para nuestra supervivencia y nuestro bienestar.

Una persona curiosa es una persona que se ve empujada por una fuerza interior a descubrir y conocer cosas nuevas. La curiosidad, al igual que la avidez, parte del carácter impulsivo del deseo. Causa placer descubrir algo nuevo. Particularmente el instante en que esto ocurre resulta sumamente satisfactorio. En este sentido, la curiosidad debe entenderse como una pasión positiva, que es productiva y creativa y por eso ha contribuido sustancialmente al desarrollo cultural. Esto no se refiere tan sólo a cosas materiales, sino especialmente también a paisajes, países y personas. Así, la curiosidad nos familiariza con los extraños, y lo prohibido pierde su carácter intimidatorio.

La curiosidad es muy importante al comienzo de nuestro desarrollo psíquico. En la primera infancia se orienta fuertemente hacia la sexualidad, especialmente en el contexto del desarrollo del pensamiento y la lengua. Por esto, las personas de referencia repripermen a menudo esta curiosidad debido a una sensación de vergüenza mal entendida. El niño quiere saber de dónde vienen los niños y qué aportan la madre y el padre. Indaga y reflexiona y desarrolla entonces fantasías e hipótesis específicas y propias sobre la génesis de las personas. Estas fantasías e ideas tienen un carácter creativo, permiten al niño sentirse independiente de su entorno y llenan su mundo interior. Si las preguntas del niño chocan con muros y defensas, si no recibe respuestas, especialmente a preguntas de contenido sexual, entonces el niño se retraerá ofendido y no formulará más preguntas. Puede que experimente el rechazo porque nota vergüenza, asco y sentimientos de culpa en el adulto, que luego desarrolla en sí mismo. Tiene la sensación de haber tocado un punto delicado o penoso, y a partir de ello pueden desarrollarse escrúpulos y temores.

Un niño que deja de preguntar, que ya no muestra curiosidad para comprender el mundo, se estanca en su desarrollo. Esto significa, para resumir, que la curiosidad infantil orientada inicialmente a la sexualidad debe satisfacerse contestando abiertamente y con la verdad a las preguntas que formula el niño. Porque si no se libera la sexualidad dejará de haber preguntas, se acabará la curiosidad y con ella el interés por comprender el mundo en su conjunto. Por esto, desde el punto de vista psicoanalítico podemos decir lo siguiente: la curiosidad experimenta efectos sostenidos en dos fases del desarrollo psicosexual.

En la fase oral se trata de la manera de recibir y absorber, y en la fase fálica, de la de penetrar, y ello igualmente en niños y niñas. Para ellos y ellas es importante que, aparte de la recepción de una cosa, como sucede, por ejemplo, en el acto sexual, traten de asumir también otras cosas y objetos que les aporta el mundo, de penetrar en un tema y de investigarlo.

La curiosidad por los nexos existentes entre los fenómenos del mundo se desarrolla sobre todo en el período de latencia, cuando remite el interés sexual específico. Con la misma excitación con la que un niño explora al comienzo el mundo de la sexualidad, ahora el adolescente explora el mundo de la realidad. Esto tiene lugar mediante la acumulación de conocimientos, la lectura de libros, el estudio de la naturaleza y la búsqueda continua de experiencias nuevas. En este sentido, la curiosidad es un importante motor del interés intelectual. Es una búsqueda constante, llena de activismo, con una tensión interna instintiva y la puesta a prueba de los límites. Surge entonces el deseo de sobrepasar esos límites, lo que desencadena una nueva búsqueda entusiasta y apasionada.

Erich Fromm analizó la esencia del tener. Escribe que la forma de existencia del tener se deriva de la propiedad privada. En esta forma de existencia, lo único que cuenta es la apropiación y el derecho irrestricto a conservar lo adquirido. La orientación al tener implica la exclusión de otras personas y sólo exige al individuo que conserve su propiedad o haga de ella un uso productivo. En el budismo, esta actitud se califica de avidez, en la tradición judeocristiana, de avaricia. De ahí podría deducirse que la avidez o avaricia transforma todo y a todos en objetos sometidos al poder del sujeto. Sin embargo, Fromm expone entonces que la afirmación de tener algo duraderamente se basa en una ilusión y supondría la existencia de una sustancia imperecedera e indestructible. Cuando una persona parece tenerlo todo, en realidad no tiene nada, porque el tener, poseer y dominar un objeto no es más que un momento transitorio en el ciclo vital.

La necesidad de poseer radica en el deseo —condicionado biológicamente— de vivir. Albergamos la idea de aspirar a una especie de inmortalidad. Aunque es evidente que hemos de morir, los seres humanos hemos buscado siempre soluciones que nos hacen creer que, pese a todas las evidencias empíricas, somos inmortales. Esta idea se ha manifestado de muchas maneras en el curso de la historia.

Los faraones egipcios creían que sus momias depositadas en las pirámides eran inmortales. Las sociedades de cazadores creían en la existencia eterna de las especies cinegéticas, el cristianismo y el islam desarrollaron la idea del paraíso. En las sociedades modernas, el ansia de inmortalidad se expresa de manera que muchas personas tratan de dejar algún legado, bien sea una obra cultural, bien sea una propiedad material que pueda heredarse. Si mi sí-mismo se constituye a través de las cosas que poseo, en cierto modo soy inmortal tan pronto estas cosas tienen un carácter indestructible. Desde el antiguo Egipto hasta nuestros días, o sea, desde la inmortalidad física mediante la momificación del cuerpo hasta la inmortalidad jurídica de una última voluntad, una persona puede conseguir permanecer inmortal más allá de la duración de su vida.

Para comprender aún mejor la forma de existencia del tener quisiera mencionar una importante observación de Sigmund Freud: todos los niños, pasada una fase de su desarrollo en la que absorben más bien pasivamente, alcanzan un estadio en el que se comen agresivamente el mundo que está a su alcance. Después viene una fase que Freud califica de erótico-anal, un período de desarrollo que considera muy determinante en el proceso de maduración de la persona. En esta fase puede formarse el carácter anal, que se distingue por el hecho de que el individuo concentra su energía en la propiedad, el ahorro, la acumulación de dinero y otros intereses materiales. Esta estructura del carácter debería atribuirse entonces al avaro, combinada a menudo también con un alto grado de amor por el orden y la puntualidad y con un comportamiento arisco. En estas consideraciones, a Freud la parecía importante reconocer la relación simbólica entre el dinero y las heces, el oro y la suciedad. Opina que el carácter anal no ha alcanzado el estadio de la madurez psíquica. La ecuación de Freud –dinero igual a heces– significaría, referida a la actualidad, que gran parte de la sociedad burguesa es inmadura, porque acepta mecanismos sociales actuales que consideran que los bienes materiales y el dinero son lo más importante y dan cada vez más cancha a la codicia. La opinión de Freud de que el predominio de la orientación a la propiedad es característica del período anterior a la plena madurez, debe considerarse por tanto un fenómeno patológico si se mantiene como factor dominante en la vida posterior. Por decirlo en otras palabras: para Freud, la persona que se ocupa exclusivamente de tener y poseer está psíquicamente enferma y es una neurótica, lo que significaría, con respecto a gran parte de las sociedades occidentales modernas, que en ellas predomina el carácter anal, que hay que calificar de patológico.

Pero quisiera añadir a título complementario que la actitud diametralmente opuesta al afán de poseer, es decir, el ascetismo con su propensión a la renuncia y la privación, casi siempre no es más que la otra cara de la moneda de la impetuosa avidez de poseer y consumir. La persona ascética puede haber reprimido muchos deseos, pero, de hecho, al aspirar a renunciar a la propiedad y al consumo, se ocupa continuamente de estas cosas. El psicoanálisis ha demostrado que la negación ha de superarse mediante una sobrecompensación. En la época contemporánea existen muchos ejemplos de ellos: vegetarianos fanáticos, que reprimen sus elementos destructivos; antiabortistas que no quieren ni pueden ocuparse de sus ideas homicidas; fanáticos de la moral y las virtudes, que no quieren reconocer sus perversas inclinaciones destructivas. Lo importante es que no se trata tanto de las propias convicciones, como más bien del fanatismo con que se defienden estas convicciones. Toda actitud extrema hace sospechar que sólo sirve para reprimir otros impulsos de signo contrario.

Karl Abraham amplió la descripción de Freud con respecto al carácter anal. Opina que si en un individuo masculino la libido no avanza plenamente al nivel organizativo genital o si retrocede de la fase de desarrollo genital a la anal, ello da lugar a una disminución de la actividad humana. Describe cómo en individuos con una genitalidad más o menos disminuida surge regularmente la tendencia inconsciente a valorar la función anal como actividad productiva o a considerar, respectivamente, que la prestación genital es mucho menos importante que la anal. Abraham describe esto con respecto al comportamiento social, de manera que dichas personas se sienten muy vinculadas al dinero. Les encanta regalar dinero u otras cosas valiosas, se convierten en mecenas o filántropos. Explica además que, en casos pronunciados de formación de un carácter anal, casi todas las relaciones vitales se someten a la voluntad de retener y dar, es decir, de poseer. El lema de estas personas sería: quien me da, es mi amigo; quien me reclama algo, es mi enemigo. Cuenta la historia de un paciente que durante el tratamiento le dijo que no podía albergar ningún sentimiento amistoso con él. Y lo explica así: «Mientras tenga que pagarle algo a alguien, no puedo verlo con buenos ojos».

Para Abraham, el rasgo más frecuente del carácter anal –la relación especial con el dinero– es el representado por la avaricia y el afán de ahorro. Ahora bien, las personas de carácter anal también son capaces de establecer relaciones libidinosas con todo lo que poseen. Les cuesta separarse de objetos de toda clase, por mucho que no tengan ninguna utilidad ni valor monetario.

Las personas de estructura anal coleccionan toda clase de objetos inútiles, con los que llenan sótanos y buhardillas, a menudo con el pretexto de que quizá alguna vez cualquiera de esas cosas les pudiera resultar de utilidad. Según Abraham, sienten placer viendo la cantidad de material acumulado, reteniendo el contenido del intestino o evacuando poco a poco el contenido del intestino. En resumen, Abraham constata que la acumulación de propiedades, la codicia y la pedantería representan un desplazamiento de la libido de la zona genital a la zona anal y guarda relación, desde el punto de vista psicogenético, con la educación higiénica y el tratamiento de las heces y el placer.

La codicia encierra la avidez de ganarse objetos o personas y conservarlos. El codicioso quiere apropiarse de todo lo que puede. Cuando lo importante es no ceder la propiedad, querer conservarla a toda costa, defender con ahínco lo ganado, entonces la codicia se convierte en avaricia.

La persona codiciosa y avara se concentra totalmente en lo material, en lo que ella podría calificar de tesoro. Puesto que como sujeto se siente carente de valor, necesita el tesoro para tener algún valor. Cuando desaparece el tesoro, las posesiones, la persona ya no puede valorarse como sujeto, pues su autoestima depende de lo que posee. Si esto último se pierde, desaparece todo lo que tiene que ver con seguridad, protección y cobijo.

La sensación de protección y cobijo debe proporcionarla, en los primeros años de vida, la madre. Cuando el niño no experimenta seguridad, protección y cobijo, los buscará durante toda la vida. Las personas que no perciben esta sensación la buscarán en el mundo exterior. Casi siempre se trata de cosas relacionadas con el dinero, sean monedas, pinturas, joyas y cosas por el estilo. La satisfacción se obtiene adquiriendo, coleccionando, teniendo y poseyendo objetos de valor. La consecuencia, a menudo, es la incapacidad para dar alguna cosa a otras personas, lo que redunda en detrimento de las relaciones interpersonales. Cuando una persona sólo quiere tener, no tiene nada que ganar en una relación. Porque la relación no puede basarse en el deseo de ganancia, en el tener y poseer, sino que la relación se caracteriza precisamente por el hecho de que no quiere tener nada, sino que deja que la otra persona sea tal como es.

Como ya se ha mencionado, el motivo del querer tener, del querer poseer, está muy extendido precisamente en nuestra sociedad actual. Para el niño en la fase anal de desarrollo, dar algo es perder, quedarse con algo es ganar. Esto se observa muy claramente sobre todo cuando falta cariño entre el niño y la persona de referencia. Lo decisivo es el sentimiento de que le quieren por él mismo. Cuando los padres utilizan al niño como objeto para su propio deleite o el amor de la madre es muy posesivo, esto puede dar lugar, al igual que en caso de falta de cariño, a una fijación en la fase anal con los efectos arriba descritos.

Otro aspecto es que la avidez fundamenta muchos procesos, en particular de tipo narcisista. En su búsqueda exagerada de reconocimiento, muchas personas tratan de procurarse ávidamente todo lo que las ensalza e incrementa su prestigio y su valoración. La causa de todo ello es la falta de cariño. Un niño espera que sea aceptado en su existencia como persona. Cuando en su proceso de desarrollo ha recibido el reconocimiento y el cariño de su persona de referencia primaria, puede convertirse en una persona adulta madura. Sigmund Freud lo describió una vez con estas palabras: «Si uno ha sido el favorito indiscutible de la madre, conserva para toda la vida ese sentimiento de conquista, esa confianza en el éxito, que no pocas veces comporta después el éxito de verdad».

La confianza y el cariño están estrechamente relacionados. Si falta cariño, también falta mucha confianza. Esto hace que a menudo se genere inseguridad en uno mismo, un vergonzante complejo de inferioridad y la falta de autoconfianza. Ninguna persona puede vivir sin cariño ni reconocimiento. Esto es decisivo precisamente para nuestro desarrollo psíquico en edad temprana, lo que significa que una sociedad competitiva, avariciosa y ávida de posesión puede adquirir una forma más amable si los individuos pueden criarse de manera que puedan sentirse incondicionalmente deseados y queridos.

Para ilustrar lo expuesto, quisiera informar del caso de un hombre de tenía 43 años cuando murió. Conozco su historia porque le realicé una anamnesis psicológica profunda y llevé a cabo con él tres sesiones de prueba. No se mostró interesado en continuar con la terapia. Alrededor de un año después de su muerte se puso en contacto conmigo su viuda, que se sometió a tratamiento a causa de una depresión y que me proporcionó más antecedentes de tipo anamnésico y caracterológico.

El señor A. era miembro de una familia de refugiados. Ambos progenitores habían nacido en la entonces llamada Alta Silesia y después de la guerra —el padre tenía 15 años, la madre 13— fueron a parar con una columna de refugiados a Baviera. Se conocieron durante la huida y formaron una comunidad de necesidad, puesto que el padre de ella había perdido la vida en Stalingrado y la madre había sido violada y después asesinada por soldados soviéticos. La madre de A. se alojó en 1945 en una granja de la Baja Baviera, donde vivía una tía suya que se había casado con el granjero. Allí tuvo que realizar duros trabajos agrarios. Un hermano de la madre, tres años mayor que ella, había desaparecido y no reapareció hasta veinte años después, cuando se dedicó a buscar a la hermana. Había encontrado cobijo en Renania. La madre de A., a la que explotaban en la granja, donde recibía escasa atención emocional, se sintió aliviada cuando el hombre al que había conocido en el camino de huida se presentó ante ella, cuando ella tenía 20 años, y le propuso matrimonio. Aceptó agradecida y se fue con él a Passau, para fundar allí una familia.

El padre de A. fue después de la huida a Erlangen, junto con una hermana que era cinco años mayor que él. Su padre también había perdido la vida en la guerra, concretamente en la marina; su buque se hundió tras un ataque en el mar del Norte. La abuela paterna de A. murió al final de la guerra, poco antes de la huida de la Alta Silesia, a causa de una infección que no pudo tratarse por falta de medicamentos. El padre vivió con su hermana hasta que ésta se casó en 1950 –el padre tenía en ese momento veinte años de edad– con un soldado estadounidense y se fue con él a Estados Unidos. Una vez solo, se acordó de la niña refugiada, descubrió dónde se alojaba en la Baja Baviera y se casó con ella.

Para los progenitores de A., la prioridad era conseguir algo, salir de la pobreza y alcanzar una posición más elevada en la sociedad. Así que al comienzo de su matrimonio decidieron postergar el deseo de tener niños y trataron de alcanzar el bienestar material. La madre encontró un empleo en una parroquia y el padre se apuntó a cursos de educación hasta obtener un puesto de funcionario de categoría superior en el ayuntamiento. En 1958 tuvieron una hija y en 1960 nació el señor A., sobre quien los dos progenitores proyectaron desde el comienzo muchas de las cosas que ellos mismos no pudieron vivir, pero les habría gustado vivir.

La madre era una mujer emocionalmente fría y retraída, debido a los traumas sufridos durante la guerra, y nunca logró transmitir a sus hijos el sentimiento de ser deseados y amados. El interés de la madre parecía centrarse más bien en mostrar al mundo exterior que una familia cabal se caracteriza por traer al mundo a dos niños, construirse una casita y poder ir de vacaciones en el coche utilitario de turno. Para el padre, lo primordial era hacer carrera. Él tampoco era capaz de mostrar sentimientos, salvo cuando había logrado un ascenso o había conseguido, negociando con astucia, cambiar un solar pequeño por otro más grande. A través de su actividad en el ayuntamiento tenía acceso a los terrenos que eran habilitados para construir en ellos, de manera que podía ponerse en contacto de antemano con los propietarios y negociar con ellos. También era muy hábil en la inversión de dinero en acciones, de modo que pudo acumular una fortuna considerable, especialmente en la década de 1960.

El señor A. recordaba que en su infancia nunca fue alabado por su madre ni tuvo contacto físico con ella, sino que la relación con ella se ceñía al cumplimiento de las obligaciones y a la plena adaptación. Asimismo, recordaba que una vez recibió una buena paliza de la madre porque a la edad de cuatro años había tirado del cabello a una niña en el parvulario, incidente que la puericultora comunicó a la madre. Entre los cuatro y los seis años de edad volvió a orinarse encima. La madre también le castigó a menudo por ello con golpes, lo que para él fue al menos un acto de atención que de lo contrario no habría recibido. Con el ingreso en el colegio dejó de orinarse encima, seguramente por un sentimiento de vergüenza ante los demás alumnos. Sobre todo su hermana mayor se burló de él y le hizo rabiar a menudo por ello.

El ambicioso padre le dio a entender que sólo merecería su aprecio si cumplía con todas las expectativas depositadas en él. Recordaba que el padre se mostró muy orgulloso de él por el hecho de que con dos años y medio ya no necesitara pañales y de que en el parvulario ya fuera capaz de realizar sencillas operaciones de cálculo. El padre nunca le pegó, pero le dejó claro que solamente sería una boca útil y un miembro útil de la familia si cumplía los deseos del padre y después seguía sus mismos pasos.

Poco antes de la pubertad, entre los 10 y los 12 años, A. desarrolló entonces una serie de rituales, como por ejemplo el de tener que mirar, antes de acostarse, de 6 a 10 veces debajo de la cama para comprobar si había algo allí. Algunos años después comenzó a guar-

dar los pañuelos de papel que, cuando estaban totalmente humede-
cidos, ponía a secar y apilaba en el armario para volver a utilizarlos.
Esto le causaba una sensación de felicidad. En la escuela fue siempre
el mejor de la clase. En el instituto, en vísperas de un examen no
podía dormir e ideó otro ritual: por la mañana se levantaba más
temprano y hacía el pino en la cama durante exactamente 60 minutos. De este modo esperaba que el cerebro estuviera mejor irrigado
de sangre.

En la escuela se marginaba, apenas mantenía contactos sociales,
y donde menos descollaba era en las asignaturas creativas de Arte y
Música, así como en Gimnasia. Para él sólo contaban las llamadas
asignaturas troncales. Al término del curso escolar, cuando volvía a
casa con buenas notas, era el único día del año en que podía constatar
que el padre sonreía orgulloso y le daba golpecitos en la espalda. En
contacto con otros chicos de su edad le resultaba difícil desprenderse
de algo. Nunca sucedió que prestara o diera dinero a otro alumno
que se hubiera quedado sin nada de efectivo. Se quedaba todo para
él mismo y al término de la edad escolar ya había acumulado, con el
dinero de bolsillo que le daban, un buen colchón financiero.

Apenas mantuvo ningún contacto emocional con la hermana.
Ella se volvió anoréxica a partir de los 16 años y a los 18 años ingresó en un centro de enfermos mentales. A partir de entonces dejó de
tener contacto con ella.

En la anamnesis informó de que sólo sentía felicidad cuando
conseguía aumentar su fortuna o lograba éxitos que superaban a los
de los demás. Esto se prolongó durante sus estudios en la universidad. Hizo la carrera de Medicina, se especializó en Cardiología y se
dedicó a la investigación científica. Durante el estudio y su actividad
en la clínica también se marginó, no mantuvo contactos sociales, ni
los echaba de menos, pues sólo vivía para su carrera y el aumento de
su patrimonio. Nunca le invitaron a una fiesta de cumpleaños ni
llegó a pagarle la comida a nadie. A los 35 años de edad conoció a
una secretaria en la clínica, con la que después se casó. Según informó su esposa, pese a mantener relaciones sexuales, ella nunca supo
qué pensaba y sentía realmente su marido ni qué sucedía en su mun-

do interior. Sin embargo, ella estaba orgullosa de él, por su brillante carrera y por el hecho de haberla elegido a ella, una «simple secretaria», como pareja. El señor A. ascendió a médico jefe y a la edad de 43 años pasó a ocupar una cátedra.

Ella recordaba todavía cómo el primer día había ido con él a su despacho, que era una estancia grande y luminosa en la que había un enorme escritorio. Cuando él se sentó detrás de éste, le dijo que se sentara frente a él en una silla y le dijera que era el cardiólogo más importante y más joven que existía. Esto le hizo muy feliz. Consideró que entonces había alcanzado su objetivo, que su padre estaba orgulloso de él, que su madre ya no tenía que avergonzarse de su hijo y que había demostrado a todos lo que se puede lograr con ambición y perseverancia.

Cuando al caer la tarde sonó el timbre en el chalet al que acababan de mudarse y ella esperaba a su marido, a la puerta había un policía que le informó de la muerte del señor A. Resultó que el primer día en su nuevo puesto de trabajo había sufrido, por la tarde, un infarto de miocardio.

El señor A. procedía, por tanto, de una familia en la que el esfuerzo y la adquisición de bienes materiales desempeñaban un papel importante. Ambos progenitores habían quedado traumatizados por la guerra, habían tenido pérdidas y sufrimientos, fueron testigos de crueldades como violaciones y asesinatos, y cuando se juntaron y fundaron una familia, trataron de reprimir o relegar al olvido todas esas experiencias que marcaron su infancia y su juventud.

Esperaban conseguirlo a base de mirar únicamente adelante y lograr la paz interior mediante la ganancia material. Pensaban que el esfuerzo continuo haría desaparecer de su conciencia las sombras del pasado. En esta atmósfera de evasión y negación, de dolorosos procesos anímicos, se crio el señor A. y aprendió muy pronto que el sentido de la vida consiste en adquirir propiedades, ganarse el reconocimiento de los demás y hacer carrera, para de este modo ganar tanto dinero como sea posible. El sentido de todo esto consistía en poder comprar y permitirse todo lo que tenía algún valor externo con el fin de poder desarrollar un sentimiento interno de autoestima.

En sus primeros años de vida nunca tuvo la sensación de ser deseado y querido por sí mismo. Para la madre no era más que un objeto que servía para representar hacia fuera la imagen de una familia cabal. El padre proyectaba sobre él todo lo que él mismo no podía alcanzar y que deseaba que su hijo hiciera realidad, alcanzando todo lo que era representativo para él mismo. Así que el señor A. se esforzó siempre por satisfacer a ambos progenitores. A la madre le quería demostrar que no sólo cumplía el propósito de completar la familia, sino que también podía ser para ella una contraparte masculina en la que ella podía apoyarse y confiar, que estaba a su lado y le proporcionaba más cercanía emocional que el padre. Quería mostrar a la madre que con sus logros intelectuales era capaz de superar al padre y acumular todavía más riquezas materiales que las que podía conseguir el padre. La codicia de tener siempre más, de llegar cada vez más lejos y más arriba, era por tanto para él un objetivo para ganarse plenamente el cariño de la madre. Al final permaneció atado a la madre, quien nunca pudo proporcionarle el sentimiento redentor de que «eres querido al margen de tus logros externos».

Con el padre estuvo compitiendo durante toda la vida. Quería superarle y convertirlo en el tercero excluido dentro del triángulo edípico entre él y la madre. No le interesaban las relaciones sociales, las amistades ni los contactos con personas de su edad, porque todo a lo que aspiraba debía servir exclusivamente para satisfacer a los dos progenitores. Trató de sostener y estabilizar su autoestima con éxitos externos como con un corsé. La avidez de posesión y éxito, la codicia de tener siempre más, venía alimentada en última instancia de la ausencia de todo sentimiento de valer algo y del miedo de tener que dar por cierta su falta de valía.

Las relaciones que mantuvo servían siempre a un propósito. Casi siempre se ciñeron al ámbito profesional, aunque la relación con su esposa revelara en principio un deseo de cercanía, si bien esto sólo pudo admitirlo de forma muy rudimentaria. En el fondo seguía viviendo solo incluso en la relación con su esposa, ante la que también se esforzó por compensar y ocultar su falta de autoestima mediante sus éxitos externos.

Cuando había llegado a la cima y le surgió inconscientemente el temor de tener que reflexionar sobre su vida y su sentido de la vida, le alcanzó la muerte. Su corazón falló, tal vez porque ésta era para él la vía más fácil, en vez de tener que reconocer la crueldad de no haber sido querido. Probablemente el hecho de reconocer que se había perdido la vertiente emocional de la vida le causaba tanto dolor que prefirió la muerte súbita del infarto.

Para resumir, este caso concreto nos muestra que la ganancia material externa, el éxito profesional y el ascenso en la escala social no compensan el sentimiento de no ser considerado como persona tal como es y existe. A fin de cuentas, la codiciosa acumulación de bienes materiales y la búsqueda febril del éxito profesional tienen que ver con la compensación de una autoestima muy deficiente, de un enorme déficit narcisista y de la falta de sentimiento de ser querido como persona que es.

Anselm Grün

La avaricia se representa a menudo en el arte con la figura de un demonio que vierte monedas de oro en la boca de una persona. El avaro, por tanto, ha de tragar monedas de oro, que de seguro no le gustan. Otro cuadro interesante de un pintor anónimo, del año 1532, representa a un hombre avaro sentado en su dormitorio sobre un montón de espinos, rodeado de bolsas llenas de dinero, libros de contabilidad, valiosas vasijas y vasos. La ventana está cubierta con un paño para impedir las miradas codiciosas. El deseo de acumular cada vez más riqueza es lo que le obsesiona en esta vida. Su rostro es el de un obseso. No es feliz, pues las preocupaciones por su riqueza no le dejan gozar de la vida, al contrario: son como espinas clavadas en el cuerpo. El pintor está convencido de que el avaricioso no será castigado tan sólo después de su muerte, sino ya durante su vida, pues se autocastiga marginándose de la comunidad humana y estando siempre sentado, en sentido figurado, sobre un montón de espinos.

Los griegos tienen dos palabras para referirse a la avaricia: *pleonexia* y *philargyria*. La primera está compuesta de *pleon* y *egein* y en realidad significa «querer tener más». Esto no sólo se limita al patrimonio, sino también a la atención, la fama, el poder y los apetitos sexuales. Los griegos ven en la *pleonexia* una actitud que perturba la convivencia en la comunidad y también perjudica al individuo, pues le roba su armonía interior. La otra palabra, *philargyria*, significa «amor al dinero», estar enamorado del dinero. Puede llevar tanto al despilfarro como a la avaricia. Platón pensaba que el afán de despilfarro se cura más fácilmente que la avaricia, porque según él la avaricia es una agresión contra uno mismo.

El nombre latino es *avaritia*. Originalmente viene de *avere*, que significa «desear, querer o anhelar». El avaro aspira a tener, y por eso los romanos pensaban que el avaro se delataba por su físico: su respiración es pesada y su rostro refleja ansia.

En el budismo, la avaricia se considera el peor de los vicios. Es la causa de todos los males y ata a las personas al mundo, hace que dependan de él. Dado que el mundo no puede satisfacer sus anhelos, el avaro sufre. Librarse de la avaricia equivale en el budismo a librarse del sufrimiento. Esto suena muy estimulante, pero no es tan sencillo desprenderse de la avaricia. Por lo visto, está profundamente enraizada en el alma humana.

Por un lado está la codicia de tener cada vez más riqueza y dinero. El dinero como tal no es malo, pero el codicioso quiere tapar con el dinero su vacío interior, que de todos modos es un pozo sin fondo. Puede verter en él todo el dinero que quiera, que nunca lo llenará. Para volver a la imagen del hombre al que el demonio le vierte monedas de oro en la boca abierta: las monedas jamás le quitarán el hambre. Por muchas monedas que le echen, el codicioso nunca se saciará. Otra forma de codicia es el ansia de fama y reconocimiento. A menudo se trata de personas narcisistas que tienen suficiente con el reconocimiento de quienes las rodean.

Dos historias bíblicas nos muestran cómo puede transformarse esta codicia. La primera es la de las llamadas tentaciones (Mt 4, 1-11 o Lc 4, 1-13). Cuando el diablo invita a Jesucristo a convertir las piedras en panes, esto no sólo afecta al ansia de algo comestible, sino también al anhelo de consumir todo, incluso lo sagrado, representado por las piedras. Lo sagrado es lo que está a salvo del poder del mundo, pero la avidez desea consumirlo todo, disponer de todo y dominarlo todo. Jesucristo no cae en la tentación y se remite a la palabra de Dios, que nos alimenta: necesitamos alimento espiritual para superar la avidez de consumir.

La segunda tentación se refiere al ansia de admiración y confirmación. Jesucristo debe saltar del alero del templo y demostrar a todo el mundo los milagros que hace. Sin embargo, rechaza esta tentación con el lema: «No tentarás al Señor tu Dios» (Mt 4, 7). No debemos utilizar a Dios para nuestros fines, para que nos ensalce a los ojos de todos. La teología del éxito estadounidense ha sucumbido a esta tentación: utiliza a Dios tan sólo para obtener logros humanos y sentirse algo especial. La tercera tentación es la del poder. Esta tentación consiste en que Jesucristo debe postrarse ante Satanás. Quien se deja determinar por el poder se postra finalmente ante el demonio. Utiliza la oscuridad para colocarse por encima de los demás. Jesucristo rechaza esta tentación con estas palabras: «Adorarás al Señor tu Dios y sólo a él le darás culto» (Mt 4, 10). Quien se postra ante algo o alguien que no sea Dios, se esclaviza a sí mismo, su alma cae en el caos, se vuelve oscura y maligna, se siente fascinado por el poder y éste lo domina.

Las tres tentaciones que superó Jesucristo son esencialmente humanas. Todo el mundo se ve abordado continuamente por estas tres. De Jesucristo podemos aprender cómo hemos de responder a la tentación de la codicia: apelar a Dios. Si Dios está en el centro, si nos nutrimos de la palabra de Dios, si dejamos estar a Dios en vez de utilizarlo para nuestros fines, y si nos postramos ante Dios y le adoramos, entonces superaremos la codicia, entonces ésta no tendrá poder sobre nosotros.

La segunda historia, en la que Jesucristo advierte frente a la avaricia y nos indica al mismo tiempo un camino para superarla, es la parábola del campesino rico. Comienza con una disputa en torno a una herencia, en la que Jesucristo se niega a hacer de árbitro. Y advierte frente a la avaricia afirmando lo siguiente: «Aunque se nade en la abundancia, la vida no depende de las riquezas» (Lc 12, 15). La frase también podría traducirse así: «El sentido de la vida no radica en la afluencia desmesurada de medios materiales de los que uno dispone». Significa que el avaro espera que fluya el dinero, pero las cosas no fluyen; no nos proporcionan la sensación de que la vida progresa con fluidez. Lo que retengo hace que la vida se estanque y deje de fluir. Jesucristo explica este principio a la luz del ejemplo del campesino rico. Éste ha tenido una cosecha abundante de grano y planea derribar sus viejos graneros y construir otros más grandes. Entonces, piensa, podrá dedicarse a gozar de la vida. Pero el mismo Dios le despierta de su sueño y le dice: «¡Insensato! Esta misma noche vas a morir. ¿Para quién va a ser todo lo que has acaparado?» (Lc 12, 20). La superación de la avaricia pasa en este caso por la conciencia de las propias limitaciones, de la propia muerte. Ésta relativiza todo a lo que aspiramos con avidez. Cuando nos vamos, no podemos llevarnos nada, hemos de desprendernos de todo. Esta idea también relativiza nuestra avaricia y la desactiva.

Las dos historias de la Biblia nos muestran cómo podemos transformar la avaricia, pero al igual que en el caso de la envidia, existen además otras vías para esta transformación.

En primer lugar, tenemos la posibilidad de confesarnos avariciosos. La avaricia es peligrosa cuando hacemos como si no tuviera nada que ver con nosotros. Otra posibilidad consiste en pensar la avaricia hasta el final: cuando tenga todo lo que me apetece, ¿seré realmente feliz? Si pienso la avaricia hasta el final, la relativizo. Me doy cuenta de que no puede hacerme feliz. Una tercera posibilidad estriba en convertir la avaricia en gratitud. Puedo ejercitarme fácilmente en la gratitud: doy las gracias por vivir, por todo lo que Dios me ha dado. Dejo de compararme con otras personas. Al ensayar la gratitud, margino la avaricia, que ya no tiene ninguna posibilidad de dominarme. Si después vuelve a aparecer a pesar de todo, hago que me recuerde que debo estar agradecido por la vida y por todo lo que Dios me regala a diario. La avaricia comporta soledad. Por eso, una vía importante sería convertirla en solidaridad. Tomo conciencia de mi avaricia y hago que me recuerde que en el fondo de mi alma soy uno con todas las personas. La experiencia de la unidad con todas las personas transforma la avaricia en solidaridad. Y en mi interior nace, en vez de la avaricia, la empatía con todas las personas. Esta empatía también puedo ejercitarla, y cuanto más lo haga, tanto menos tendrá la avaricia la posibilidad de dominarme.

En última instancia, la avaricia sólo podrá transformarse si se sustituye por sentimientos positivos. En primer lugar, por la gratitud y la empatía, y además por el disfrute. Los avaros son incapaces de disfrutar. Están ansiosos por poseer algo, pero cuando lo tienen, no saben disfrutarlo y necesitan de inmediato algo más. Si aprendo a disfrutar con lo que como y lo que poseo, la avaricia se disipará.

El disfrute es lo contrario de la avaricia: los avaros son incapaces de disfrutar. A menudo ni siquiera tienen gusto y por eso no pueden parar. Hace falta una escuela para aprender a disfrutar. Sólo puede disfrutar quien es capaz de renunciar, de fijar un límite. Quien no tiene límites, es incapaz de gozar de la vida.

Al acudir a la escuela del disfrute, superaremos paso a paso la avaricia. El nivel máximo de disfrute es el disfrute de Dios. La tradición espiritual ve en la *fruitio dei* el destino de la vía espiritual. Ahora bien, disfrutar de Dios no implica poseerlo. Dios es quien satisface mi ansia más profunda. Gozo de su belleza, de su amor. Pero no puedo retener el disfrute, sólo puedo permitir que ocurra.

Al final, son las vías espirituales las que transforman la avaricia. Podemos descubrir las causas psicológicas de nuestra avaricia, y es importante abordarlas. La tradición espiritual ha descrito menos las causas de la avaricia que sus efectos. Ha representado gráficamente lo que hace la avaricia con las personas. Pero en los cuadros ya aparece algún atisbo de las causas profundas de la avaricia. Lo decisivo no es si conozco todas las causas, sino cómo trato la avaricia, y para ello la tradición espiritual nos ofrece muchas vías para ejercitarnos.

No existe ningún truco rápido para controlar la avaricia, pero si recorremos el camino espiritual de la ejercitación, podremos superarla poco a poco. Ahora bien, nunca se superará de una vez por todas: los siete pecados capitales siempre están al acecho. Y precisamente cuando uno cree que ha avanzado por la vía espiritual, los peligros vuelven a alcanzarnos, para recordarnos que somos humanos, que mientras vivimos estamos en riesgo de recaer. Así nos volvemos humildes y al mismo tiempo atentos a todas las tentaciones.

Lujuria

Bernd Deininger

Sexualidad y pecado, particularmente en el cristianismo, forman, desde el punto de vista histórico, una unidad inseparable. Cuando Adán comió el fruto del árbol prohibido, se dio cuenta de que estaba desnudo y de que la desnudez le provocaba un sentimiento de vergüenza, ya que sus órganos sexuales estaban a la vista de todos. Para evitar la vergüenza se los tapó, igual que Eva, con una hoja de higuera. De modo que la visión de los órganos sexuales ya causaba un sentimiento de vergüenza en tiempos del paraíso.

Una concreción del mito del carácter pecaminoso de la sexualidad aparece en la historia de la inmaculada concepción de la virgen María. Si la virginidad equivale a pureza, a no estar manchada, esto implica que la actividad sexual ensucia. En la historia de la Iglesia, la idea de que la vida nueva se concibe «en pecado», estuvo muy arraigada en el pensamiento durante mucho tiempo. Si la concepción misma, que asegura la continuidad la especie o del género, ya es pecado, ¿cuánto más pecaminosa será la sexualidad vivida cuando se practica exclusivamente por y para el placer?

Por otro lado, siempre ha habido corrientes que manifestaban que, a través de los sentidos, del ardor y del deseo apasionado que notamos en nuestra unión sexual, se nos transmite una vaga idea de lo que significa el contacto con lo sagrado.

Sigmund Freud señaló que la sexualidad, como parte del proceso vital, ya está presente al comienzo de nuestra vida. Cuanto más natural y sobrentendida se considere la sexualidad, tanto más podrá desarrollarse con normalidad y naturalidad. La postura de Freud y la idea de que a través de los sentidos entramos en contacto con lo sagrado se sitúa en las antípodas de la tradición cristiana y de la consideración de la sexualidad como algo pecaminoso.

En la época contemporánea, y especialmente después de la liberación sexual que supuso la revolución de mayo de 1968, concebimos la sexualidad como la descarga de una pulsión, pero también como algo mucho más exigente que el encuentro entre personas. Lo extraordinario es encontrarse con otra persona que tiene sensaciones de placer similares a las de uno mismo, y que por tanto persigue el mismo objetivo, a saber, la búsqueda de satisfacción en la relación de pareja. En este caso podríamos hablar de una reciprocidad positiva. En las últimas décadas se ha conseguido, al menos en las sociedades occidentales, superar progresivamente la equiparación de placer y pecado y desarrollar la propia sexualidad de manera que represente un componente positivo de la vida de la persona.

Existe una gran variedad de proyectos de vida sexual y de posibilidades de experimentar las pulsiones placenteras, lo que en última instancia es un reflejo de la diversidad de personas que ya no se sienten obligadas a nada más. Así, especialmente en las últimas décadas se ha desarrollado un mundillo cultural-sexual que alcanza desde la muy lucrativa industria pornográfica hasta los clubes de intercambio de parejas, el sexo telefónico, el sexo por Internet y las agencias de contactos discretos. La homosexualidad ha perdido el estigma, los encuentros sadomasoquistas están socialmente asumidos, hasta el punto de que durante un congreso en Berlín del año 2005 hizo acto de presencia el entonces alcalde, Klaus Wowereit, para saludar oficialmente a los participantes y señalar especialmente que la celebración del congreso demostraba el carácter abierto de la ciudad.

A la vista de todo esto, no cabe duda de que ya no puede haber más liberación sexual. En cierto modo, la sexualidad está del todo liberada. Cuando dos personas adultas están de acuerdo en su comportamiento sexual, ya no queda ningún tabú más que romper.

Este proceso de «liberación» ha dado lugar a que para mucha gente la sexualidad haya perdido importancia. El sexo compite con otros objetivos vitales y posibilidades de alcanzar la felicidad, y esto hace que algunas personas manifiesten abiertamente su desinterés por el sexo y den más importancia a otras cosas, como por ejemplo la profesión, el deporte, la música, el arte, los viajes, etc.

La liberación de la sexualidad de las ataduras de la culpa y el pecado ha creado una base física y anímica positiva para los seres humanos. Por esto, desde una perspectiva religiosa liberal se afirma que nuestra sexualidad es un regalo de Dios. Es el ofrecimiento de vivir nuestra humanidad en relación y no en soledad.

En la versión clásica de la lujuria, que se consideraba un pecado mortal, esta representa la necesidad de desmadrarse. Una persona lujuriosa es alguien que se centra exclusivamente en la vertiente animal de su sí-mismo y sigue todas sus pulsiones de forma egocéntrica, sin parar mientes en lo que ocurre con los demás.

Por tanto, si en la época contemporánea queremos entender la porción de la sexualidad que está desintegrada y por lo general se aparta de una relación emocional y humana, nos toparemos con personas adictas al sexo que van por la vida empujadas por sus pulsiones y compensan sus problemas de autoestima mediante conquistas sexuales. La extralimitación del lujurioso en sentido negativo llevaría entonces a todas las formas que también están contempladas en el derecho penal. En este terreno hay que mencionar en primer lugar la pedofilia y, a veces muy vinculado a ella, el incesto. Así que, para exponer más claramente el aspecto enfermizo, patológico, de la vida sexual, abordaré como ejemplo la cuestión del incesto.

El incesto y el tabú del incesto se han visto muy influidos por las teorías y tesis psicoanalíticas de Sigmund Freud, si bien el propio Freud se remite a estudios antropológicos. Claro que los antropólogos, sobre todo en la primera mitad del siglo XX, tuvieron muy en cuenta la formación de la teoría psicoanalítica en sus investigaciones. Para el psicoanálisis han adquirido importancia, en lo sustancial, dos significados del incesto. Por un lado, tenemos el deseo incestuoso amparado en el complejo de Edipo, y por otro, el incesto como descripción y caracterización del abuso sexual dentro de la familia. Ante todo, se trata de la actividad sexual entre progenitores e hijos y entre hermanos y hermanas. En su teoría del origen de la neurosis, Freud supuso habitualmente la existencia de un abuso sexual en la infancia. En su obra *Tótem y tabú* (1913) escribe en muchos pasajes, por ejemplo cuando aborda el incesto entre hermanos y hermanas, que el castigo por el incesto con la hermana consiste en la muerte por ahorcamiento. Se remite para ello a los estudios de Jim Frazer, quien realizó sus descubrimientos sobre todo entre los pueblos de las islas del Pacífico.

Probablemente debido a las presiones públicas y sociales, Freud centró su estudio en los deseos edípicos de contacto sexual con los progenitores en lugar del abuso real. Esto hizo que precisamente en los comienzos del psicoanálisis se llegara incluso a interpretar la violación real de un niño como expresión de su fantasía (Karl Abraham, 1907, *Das Erleiden sexueller Traumen als Form infantiler Selbstbetätigung* [La experiencia de traumas sexuales como forma de autoactividad infantil]). Aunque Freud no descartó nunca, particularmente en su vejez, el significado traumático de la violencia incestuosa, sí restó importancia en lo sustancial a la relación entre el niño y las personas de su entorno primario al prestar más atención a la fantasía infantil.

El psicoanálisis situó la prohibición del incesto en el centro de la conflictividad humana, aunque al menos al comienzo del desarrollo de esta disciplina lo contempló durante demasiado tiempo tan sólo desde la óptica del niño, es decir, del complejo de Edipo. Para nuestra época es importante ser consciente de que existe un número increíble de incumplimientos violentos de dicha prohibición. Se calcula que alrededor del 20-25 % de todas las mujeres han sido objeto de abusos sexuales intrafamiliares, y por tanto es importante y más realista, hoy, partir del supuesto de que en el origen de los trastornos psíquicos se hallan experiencias de relaciones patógenas.

En su trabajo titulado *Confusión de lengua entre los adultos y el niño – El lenguaje de la ternura y la pasión* (1933), Sandor Ferenczi describe con qué intensidad el abuso sexual genera en el niño temores e identificaciones con el abusador. Según él, este temor los obliga a «someterse automáticamente a la voluntad del agresor, [...] identificándose por completo con el agresor. Por identificación, digamos que por introyección del agresor, éste desaparece como realidad exterior, y se hace intrapsíquico [...]. Pero el cambio significativo provocado en el espíritu infantil por la identificación ansiosa con su pareja adulta es la introyección del sentimiento de culpabilidad del adulto: el juego hasta entonces anodino aparece ahora como un acto que merece castigo. Si el niño se recupera de la agresión, siente una confusión enorme; a decir verdad, ya está dividido, es a la vez inocente y culpable, y se ha roto su confianza en el testimonio de sus propios sentidos».

En sus reflexiones, Ferenczi insiste sobre todo en el efecto traumático externo, en el sí-mismo que se halla en fase de desarrollo y en los mecanismos que menoscaban el yo o el sí-mismo y que se desarrollan como secuela. En el fondo se trata de un autoabandono ante el otro considerado vital, por mucho que ese otro sea el causante del traumatismo destructivo. Además, Ferenczi señala otros aspectos del incesto real. A menudo, el niño no dispone de ningún tercero en el que pueda confiar o que le permita controlar la realidad, porque en muchos casos la madre deja en la estacada al niño que ha sido víctima de abusos al silenciar o mantener más o menos en secreto el hecho o pactar directamente con el abusador. Esto hace que el niño, que a menudo no tiene a nadie más que a sí mismo, se ve obligado a desarrollar una especie de madurez prematura, es decir, una forma de estado pseudoadulto, que se observa a menudo en las víctimas de violencia sexual durante la infancia. Ferenczi atribuye al abuso sexual incestuoso el afecto más dañino de todos, porque el abuso del amor infantil genera confusión y enloquecimiento. También hay que agradecer a Ferenczi la descripción de los procesos de interiorización de la violencia traumática, que explican la dinámica central del sentimiento de culpa.

Grupos feministas de Estados Unidos y posteriormente de Europa tienen el gran mérito de haber llamado la atención del público sobre la realidad del abuso sexual. El hecho de que este último no sólo se produce en el seno familiar, donde sin duda es más frecuente, sino también en escuelas (internados) y en instituciones y grupos eclesiásticos, lo hemos podido constatar últimamente con dolor en nuestro país.

Hay que enmarcar en este contexto el dato de que en los últimos años ha aumentado notablemente el número de casos diagnosticados de trastorno límite de la personalidad *(borderline)*. Especialmente con respecto a las pacientes *borderline* femeninas, la psicoanalista Christa Rohde-Dachser (1991) está convencida de que en la gran mayoría de los casos ha habido abuso sexual en la infancia (Christa Rohde-Dachser, 1991, *Expedition in den dunklen Kontinent* [Expedición al continente oscuro]). Esta opinión la comparten sustancialmente el psicoterapeuta Ulrich Sachsse (1995, *Die Psychodynamik der Borderlinepersönlichkeitsstörung als Traumafolge* [La psicodinámica del trastorno límite de la personalidad como secuela de un trauma]) y Otto F. Kernberg (1997, *Persönlichkeitsentwicklung und Trauma* [Desarrollo de la personalidad y trauma]).

La prohibición del incesto, es decir, de una relación sexual entre miembros de una familia, puede considerarse universal, salvo algunas excepciones propias de antiguas culturas tribales. Las principales formas de incesto consisten en la relación entre padre e hija, entre madre e hijo y entre hermanos y hermanas. Además existen otras relaciones que tienen un matiz incestuoso, como por ejemplo la relación sexual entre hijastro y madrastra o entre hijastra y padrastro. Además, la relación entre hermanastros y hermanastras, aunque no haya consanguinidad, se califica asimismo de incestuosa.

La misma ley de Moisés, expuesta en detalle en el capítulo 18 del Levítico, estipula que un incesto es un acto punible y debe considerarse un atentado contra las leyes divinas. En Lv 18, 6 podemos leer: «Ninguno de vosotros se acercará a un pariente para tener relaciones sexuales. Yo soy el Señor». También Solón prohibió en el siglo v a. C., en Atenas, el matrimonio entre hermanos y entre progenitores y descendientes, que con anterioridad eran frecuentes. Los romanos rechazaban contundentemente el incesto, hasta el punto de que en parte la prohibición era tan estricta que no podían contraer matrimonio ni siquiera parientes de sexto grado. El incumplimiento se castigaba en parte con la obligación de suicidarse. Asimismo, el incesto está prohibido en el cristianismo y el islam. Durante la Reforma se reforzó todavía más la prohibición del incesto y se estableció un castigo aún más severo. En las sociedades contemporáneas, las relaciones incestuosas también se castigan con penas de privación de libertad.

La relación incestuosa probablemente más conocida, sobre cuya base elaboró Sigmund Freud su tesis del complejo de Edipo, era la relación maternofilial de Yocasta con Edipo. Se trata en este caso de un llamado incesto inconsciente, pues Edipo mata a su padre sin saber que es su padre y se casa con su madre. Cuando se entera de que ha quitado la vida a su padre y ha contraído matrimonio y engendrado hijos con su madre, estuvo tan consternado que abdicó y se cegó a sí mismo. La maldición que pesaba sobre Edipo se prolongó en el fratricidio de sus hijos. En este mito no sólo se castiga severamente el incesto consciente, sino también el inconsciente, aunque en este caso la culpa es tal vez menor. Sea inconsciente o no, el incesto siempre arrastra una maldición que puede afectar tanto a un individuo como incluso a toda una estirpe. Veamos al respecto un ejemplo concreto de mi consulta:

La señora S. es la segunda de un total de cinco hermanas y un hermano. Su único hermano es dos años mayor que ella. Después vienen una hermana dos años menor y otra tres años menor, seguidas de otras dos hermanas que nacieron siete y ocho años después de ella, respectivamente. Se criaron en un pueblo pequeño, donde S. tenía muchas amigas y amigos. Sus progenitores se casaron cuando todavía eran estudiantes, y los abuelos paternos y maternos eran conservadores y defensores de los valores tradicionales. De cara afuera se daba mucha importancia al orden, la moral y las costumbres cristianas. Tal como le contó su madre, en su familia había habido mucho espanto y temor, sobre todo por tener que huir y abandonar su tierra. La madre había nacido tres años antes del comienzo de la segunda guerra mundial en lo que hoy es la Pomerania Central. Un hermano y una hermana mayores que ella murieron durante la huida, y todavía recordaba vagamente que la abuela fue violada varias veces. El abuelo volvió del frente con una herida de bala en la pierna y sufrió fuertes dolores durante el resto de su vida, lo que repercutió negativamente en el trato con otras personas. La abuela fue incapaz de superar la pérdida de sus hijos y la difícil relación con su marido, se encerró cada vez más en sí misma y dejó de mantener contactos con el exterior. También intentó siempre aislar a la madre de S. del mundo exterior. Lo único que apoyó fue que estudiara en el instituto, pero le reprochaba que viviera una vida mejor que ella misma. Terminada la escuela, la madre estudió Pedagogía, y en esa época conoció al padre. Fue su primera relación, y ella se supeditó totalmente a su marido, dejando pasar muchas cosas para que hubiera paz y dar la sensación hacia fuera de que la familia era ejemplar. El padre estudió Teología, y cuando se casó estaba a punto de terminar sus estudios. Poco antes de que naciera S., el padre obtuvo su primer empleo como pastor en una iglesia protestante.

A diferencia de la abuela, la madre de S. animaba a su hija a relacionarse con otras niñas y niños. Como hija de un pastor en el parvulario protestante gozaba de un gran prestigio social, como reconoce retrospectivamente, de manera que influía mucho en el grupo de niños de su edad. Le gustaba hacer teatro y organizaba funciones, preferentemente sobre un circo y un hospital. En el circo, ella solía ser la directora y realizaba una actuación con caballos. En el hospital era la enfermera que seguía las instrucciones del médico y se dedicaba sobre todo al cuidado de enfermos graves que no podían valerse por sí mismos. El día de su quinto cumpleaños planeó una de estas funciones teatrales para los invitados. En estas ocasiones, especialmente el padre actuaba con éxito, haciendo de payaso o de paciente. En la habitación de S. había dos grandes baúles con disfraces y todos los niños y niñas podían idear un papel y disfrazarse. El padre escogió el papel de payaso. En un momento dado, todos esperaban en la planta baja de la gran casa parroquial a que viniera el padre, así que S. fue a buscarlo. La casa parroquial tenía tres plantas: en la planta baja se hallaban la cocina y una gran estancia, que se utilizaba de sala de estar y comedor. En el primer piso estaban los dormitorios, en total seis, de modo que cada hermana tenía su propia habitación. En la segunda planta se encontraba el despacho del padre con todos sus libros, adonde el pastor se retiraba cuando necesitaba tranquilidad. Puesto que a menudo se encontraba allí, S. fue a buscarlo aquel día a su despacho.

La puerta estaba entornada, ella entró y vio que él, ya disfrazado de payaso con la nariz postiza roja en la cara, un sombrero en la cabeza y un viejo pantalón, estaba sentado detrás del escritorio y la miró, al entrar ella, de una forma extraña. Tenía la mano derecha debajo del escritorio y la movía continuamente adelante y atrás; la izquierda descansaba sobre la mesa. El padre jadeaba, cosa que la atemorizó un poco. Entonces dijo él: «Has hecho bien en venir. Ven aquí, tengo algo para ti». Ella se hallaba junto a la puerta y se sentía insegura y le preguntó si se trataba de uno de los buenísimos caramelos de frambuesa que él le daba a veces, cuando ella se había portado especialmente bien o él había tenido un buen día. Él repuso: «No, esta vez no se trata de ningún caramelo, pero es algo así como un chupete, ven y pruébalo».

Ella se acercó al escritorio y vio cómo él manipulaba su pene con la mano. Primero se asustó, pero el padre le dijo que lo que tenía en la mano se llamaba «miembro» y era algo así como un chupete. Si lo chupaba, notaría su sabor agradable y además a él le daría mucho placer. Ella recuerda que tenía mucho miedo de tocar aquella enorme verga, pero su padre la animó y ella así lo hizo. Notaba que esto le daba mucho placer y alegría al padre, así que movió la mano arriba y abajo y lamió la punta roja del extremo superior. Al poco tiempo, el padre exclamó «me corro» y le apartó la cabeza. Entonces vio cómo salía un líquido lechoso de la verga y ésta se encogió al cabo de poco tiempo. El padre le dijo entonces que no hablara con nadie de lo acontecido, que era un secreto entre ella y él y que a él le había gustado mucho. Acto seguido, ambos bajaron a la planta baja, montaron el circo y pasaron con todos los invitados una tarde maravillosa.

Cuando S. se acostó por la noche, de pronto le invadió una gran tristeza y se puso a llorar sin saber muy bien por qué. Cuando entraron la madre y el hermano en la habitación para la oración, notó que no podía soportar su cercanía y sintió alivio cuando ambos se fueron. Cuando pensaba en el padre, se daba cuenta de que había ocurrido algo que no encajaba, algo que le causaba inseguridad y tristeza, pero que no sabía concretar. Notó que ese día comenzó una historia que a menudo la desgarraba interiormente, porque por un lado la condenaba a una gran dependencia, pero por otro le otorgaba un gran poder.

Dependencia porque no podía oponerse a los deseos del padre y porque, cuanto más se prolongaba en el tiempo el contacto íntimo con el padre, tantas menos posibilidades veía de cambiar o que siquiera poner fin a esta situación. En ocasiones tenía la sensación de que estaba como hipnotizada por él, y cuando él la llamaba, sabía que «tenía que hacer algo por él», lo que con el tiempo le generó una creciente sensación de asco. No obstante, en este trance siempre le obedecía.

En los años subsiguientes, el contacto sexual consistía casi siempre en que ella tenía que masturbarle con la mano o con la boca, a veces él también la toqueteaba entre las piernas, cosa que al principio le resultaba muy desagradable, pero que más tarde le generaba sensaciones de placer.

S. mantenía intensas relaciones sociales fuera de la familia, en contraste con sus hermanas y su hermano. Si le daban permiso, se quedaba a dormir en casa de alguna amiga para evitar al padre.

Cuando tenía trece años, una noche acudió el padre en pijama a su habitación y se acostó en su cama. Ella tuvo mucho miedo y temblaba, y cuando le preguntó si quería que jugara con su miembro, él contestó que esta vez la cosa sería distinta, que esta vez él se pondría encima de ella y le enseñaría lo que es el amor entre hombre y mujer. Cuando él lo hizo, ella dejó de pronto de notar nada. Fue como si hubiera abandonado su propio cuerpo y ya no tenía nada que ver con él. Se vio como en una película, sentada sobre su armario ropero y mirando sobre la cama, donde se vio acostada inmóvil debajo del padre y éste se movía encima de ella. Cuando se despertó por la mañana, se sintió sucia, humillada y atemorizada. Después del colegio no pudo volver a casa y se quedó con su mejor amiga durante el fin de semana.

Su madre nunca estaba en contra de que se quedara a dormir en casa de alguna amiga. A veces, S. tenía la sensación de que la madre sabía algo de lo que estaba ocurriendo, pero otras veces no, pues consideraba que su madre era una inocentona, que no podía imaginar que en el seno de la familia pudiera ocurrir nada malo. Esto lo demostraron más adelante sus reacciones cuando salió a la luz todo el asunto relacionado con el abuso.

Después de aquel suceso, S. evitaba cada vez más a los chicos de su clase. Participaba en el equipo femenino de balonmano de la escuela y siempre se sentía mucho más a gusto entre las chicas que no en presencia de chicos. Cuando fundó un grupo musical femenino y dio el primer concierto, puso como condición que en el gimnasio, donde tocaban, sólo pudieran entrar chicas. No cambió de idea hasta que se profesionalizó y empezó a tener éxito.

Su rendimiento escolar no era bueno ni malo, y en casa la consideraban una extraña que se automarginaba y no quería tener nada que ver con sus hermanas. Su madre le preguntaba a menudo si le ocurría algo, pero ella contestaba siempre que todo estaba en orden. Muchas veces, ella sentía vergüenza ante su madre y tenía la sensación de que le quitaba algo que en realidad le correspondía a la madre en la relación con el padre y que ahora el padre vivía con la hija.

Un día hubo un gran alboroto en casa. Su hermana, tres años menor que S., mantenía una estrecha relación con su profesor de alemán, en quien confiaba plenamente. Cuando de pronto empezó a sacar muy malas notas en la escuela, el profesor quiso saber qué ocurría. La hermana le contó que el padre mantenía relaciones sexuales con ella y que ella ya no lo soportaba, que tenía pesadillas y frecuentes ataques de pánico. El profesor se hizo cargo del asunto y así salió a la luz toda la historia. Resultó que el padre no sólo mantenía relaciones sexuales regulares con S., sino también con sus cuatro hermanas menores. Los profesores trataron de mantener en silencio el asunto en la escuela, pero al final intervino la policía, que interrogó a las chicas, y S. recuerda que pasó mucha vergüenza y trató de ocultarlo todo. El padre se salvó de ir a juicio, pero la madre se separó de él y se fue con las cinco chicas a vivir a otro pueblo. El padre se trasladó a una ciudad, dejó de trabajar de pastor y encontró un empleo de cuidador en una residencia de ancianos. El hermano fue a estudiar a la universidad y la señora S. dejó de tener contacto con él.

Cuando terminó el martirio de la señora S., ésta tenía 17 años. Por un lado, se sentía aliviada y contenta de poder olvidarse de todo el asunto, pero por otro le daba mucha vergüenza que hubiera podido ocurrir algo tan terrible en su familia. La madre cayó en una profunda depresión y la señora S. tenía siempre la sensación de que la consideraba la principal responsable por haber seducido al pobre padre. También le hizo sentir que la consideraba responsable de los abusos a los que estuvieron sometidas sus hermanas. Si hubiera hablado diez años antes, todo aquello no habría ocurrido. Así que vivió en un permanente estado de culpabilidad y pensó a menudo en ir a visitar al padre y pedirle perdón por todas sus seducciones y todo el daño que le había hecho a él.

A los 23 años se casó con un hombre bastante mayor que ella, el primero con el que mantenía un contacto íntimo después del padre. En los años anteriores sólo se relacionaba con mujeres, con las que nunca hubo una relación erótica, aunque notaba que la cercanía de mujeres le hacía bien. Tuvo dos hijos, que a pesar de ser ya adultos tienen mucha importancia para ella.

El matrimonio fue bien al comienzo, aunque con el tiempo su marido se volvió cada vez más autoritario, compulsivo y voluble. Hubo disputas en torno a pequeños detalles sin importancia. Él era puntilloso con el orden y en asuntos económicos era austero o incluso avaro, le asignaba el dinero para los gastos del hogar, aunque ella, después de seis años sin tener más hijos, volvió a trabajar durante media jornada, y la obligaba a comprar en las tiendas más baratas.

Ella notó que le sucedía algo parecido que con su padre: cuando el marido le reprochaba algo, la controlaba o no estaba satisfecho con alguna cosa, ella se abstraía de su cuerpo, se sentaba mentalmente en otro lugar y escuchaba la conversación desde lejos.

Cuando gracias a la práctica del deporte conoció a otra mujer, la relación, que al comienzo era más bien platónica, dio lugar posteriormente a una atracción física y un sentimiento amoroso. En la unión con aquella mujer sintió por primera vez en su vida que durante el acto sexual no abandonaba su propio cuerpo. Lo que le resultó sorprendente fue que aunque supiera que se sentía más a gusto cuando se relacionaba con mujeres, hasta entonces no había tenido ningún impulso erótico. En la unión sexual con ella sentía cercanía, confianza y cobijo. Al principio, la relación se mantuvo en secreto, pero después de dos años estaba segura de que quería vivir el resto de su vida con ella y se lo dijo al marido. Los dos hijos tuvieron inicialmente muchas dificultades para comprenderlo, se pusieron del lado del padre y le responsabilizaron a ella del fracaso del matrimonio. No querían tener nada que ver con una «lesbiana». La relación con ellos no mejoró hasta dos años después de irse ella de casa. Ahora, transcurridos cuatro años de convivencia con la nueva pareja, la relación con los hijos parece estabilizarse de manera que al menos se ven regularmente y ellos aceptan su vida en pareja.

Después de que su padre se fuera de casa, la señora S. dejó de mantener contacto con él durante años. Sin embargo, una vez finalizada la terapia fue a verle, tal vez esperando que se excusara y reconociera que había hecho algo mal. No obstante, el padre fue incapaz de pedir perdón: durante la conversación insistió en que nunca quiso hacerle daño, en que siempre tuvo la sensación de que ella se alegraba de sus visitas y en que a fin de cuentas ella había prosperado en la vida. Esta incapacidad del padre para confesar su culpa fue casi peor que las heridas y los traumas que le había infligido en su infancia.

El hermano se ha desconectado totalmente de la familia, y S. no ha vuelto a verlo ni a hablar con él. Dos de las hermanas se han suicidado. La hermana tres años menor que ella cayó en una profunda depresión y siempre se sentía culpable por haber denunciado al padre. Como supo más tarde la señora S., la madre le reprochó que hubiera sacado el asunto a la luz pública. La tercera hermana se casó con un hombre despótico y violento, un alcohólico que la maltrata mucho y le propina palizas, cosa que ella no denuncia. Cuando se le ven hematomas o un ojo morado, siempre halla alguna explicación que no tiene nada que ver con su marido. La hermana más joven no es capaz de mantener una relación duradera. La señora S. sólo ve a su madre esporádicamente; tras la partida del padre se ha quedado sola. A fin de cuentas, siempre ha arropado al padre.

La señora S. ha intentado reconciliarse en su fuero interno tanto con el padre como con la madre. Su madre nunca ha sido para ella, como mujer, un ejemplo a seguir, y nunca le transmitió una identidad femenina a la que ella habría aspirado. La persona de referencia principal fue la madre de una amiga, a quien conocía desde que tenía cuatro años y que sigue siendo importante para ella. La señora S. ha tratado de entender que el padre, al fin y al cabo, no ha dejado de ser un niño miserable, humillado y desencantado de la vida, que había descargado sus ansias de poder y su agresividad sobre su mujer y sus hijas.

La señora S. sufrió, al menos desde los cinco años de edad, un trauma grave a causa de los abusos sexuales del padre, por un lado, pero también del silencio y la aparente indiferencia de la madre, por otro. Sin embargo, este trauma real externo se basa en una debilidad estructural del propio yo, que se desarrolló mucho antes. Es de suponer que por lo menos los cuatro primeros hijos nacidos en el matrimonio tenían desde el comienzo un déficit emocional en su desarrollo psíquico. La señora S. se las tenía que ver en la familia con el hermano mayor, que le llevaba dos años, y después con las dos hermanas dos y tres años menores que ella. Vista la constelación familiar y la debilidad de la madre, es de suponer que ésta no estaba disponible como referencia temprana y estable. Incluso cabe sospechar que la hija primogénita fue para la madre una especie de autorreferencia, a la que utilizó desde muy temprano para sostener su propia identidad femenina débil. La señora S. no tuvo la posibilidad de desarrollar una imagen de sí misma estable y suficiente. No se sintió reconocida y querida, y desde muy temprano se dio cuenta, más que ninguna otra hermana, de que ella era importante para la madre y de que tenía que ocuparse de ella. No pudo superar el conflicto entre autonomía y dependencia, tan importante para el desarrollo de la personalidad. No tuvo ninguna posibilidad de desarrollar deseos de autonomía ni de sentirse al mismo tiempo respaldada por un tercero si el deseo de autonomía afectaba negativamente a la relación con la referencia primaria, o sea, la madre. No había disponible ningún tercero en quien confiar, en este caso, el padre. Éste se desentendió de la educación de la prole y socavó el desarrollo psíquico de las hijas.

La señora S. ya se percató muy pronto de que no debía manifestar sus deseos propios, sino que tenía que subordinarse y en lo posible hacer exclusivamente lo que le exigían los adultos. Esto hizo que finalmente se sometiera al padre, a semejanza de la madre, y que tuviera, en la situación de abuso, la sensación de que el padre ya sabía lo que hacía, y que ella como niña debía cumplir los deseos del hombre. A lo largo de toda la vida le resultaba mucho más fácil meterse en la piel de otras personas y empatizar con ellas que consigo misma. Ha disociado gran parte de las vivencias del yo, probablemente no sólo los hechos traumáticos concretos, sino también otros muchos aspectos, como por ejemplo las escenas de violencia que conoció cuando el padre pegaba al hermano mayor que ella. Desde muy temprano intentó, tantas veces como fuera posible, abandonar la familia nuclear y buscarse una especie de segunda familia, donde se podía sentir resguardada y a gusto. En su propia familia asumió siempre el papel de víctima. Con ocasión de los abusos sexuales del padre entraba en trances disociativos, estrechamente asociados al sentimiento de pérdida de la identidad personal. Además, experimentó en este estado una contracción de la conciencia y se desdobló como persona. Cuando se observaba desde fuera, percibía una parte de sí misma que ya no estaba unida a ella. Sin embargo, además hubo situaciones, especialmente cuando llegó a la pubertad, en las que aparte de la sensación de debilidad y desamparo también se sentía fuerte y poderosa. Le parecía que era ella quien tenía la sartén por el mango y que era la persona femenina principal de la familia. Después cultivó en parte esta vertiente fuerte y potente del yo logrando imponer, tanto para ella misma como para sus hermanas menores, ciertos intereses materiales. A raíz de ello, gozaba dentro de la familia y entre las hermanas de un gran prestigio social.

Debido a que no tuvo relaciones ambivalentes, en las que los sentimientos negativos se soportan gracias a una sensación continua de amor y apoyo, no tuvo más remedio que dividir el mundo en buenos y malos, lo cual era necesario para poder sobrevivir psíquicamente.

Con su marido intentó corregir la imagen de los hombres que le había transmitido el padre, pero al final eligió a un hombre parecido al padre. Cuando al comienzo el marido desempeñó el papel del hombre proveedor y protector, la relación fue muy positiva, pero cuando él le manifestó deseos sexuales, despertaron en ella fuertes sentimientos agresivos, como los que conocía de la relación con el padre. Los estados de trance disociativo en la relación sexual hicieron que sólo pudiera sentir placer con el marido de forma disociada.

El hecho de que en la edad adulta se encariñara con una mujer tiene que ver sin duda con la circunstancia de que desde muy temprano tuvo experiencias negativas con hombres, no sólo con el padre, sino también, como reveló posteriormente durante la terapia, con un profesor del instituto, que intentó repetidamente besarla cuando ella tenía 15 años de edad.

En principio, podía entablar relaciones erótico-sexuales tanto con hombres como con mujeres. Durante la pubertad y su juventud, la inclinación homófila se expresó de forma muy atenuada en la práctica deportiva. A pesar de las graves lesiones que le infligió el padre, todo indica que la señora S. se identificaba mucho con él y buscaba continuamente su cercanía.

Con respecto al padre, hay que decir además que él mismo sufrió un grave trauma a los 4 años de edad, cuando sus padres, que estaban con él, perdieron la vida durante un bombardeo de la ciudad en que vivían. En el seno de la familia que lo adoptó y lo crio tuvo que adaptarse, no pudo formular sus deseos propios y probablemente se hizo pastor para satisfacer los deseos de su madre adoptiva. Puesto que el padre adoptivo le pegaba a menudo y lo maltrataba de diversas maneras, probablemente también con expresiones de desprecio, podemos suponer que por parte del padre de S. existía una relación libidinosa con su madre adoptiva. No está claro que hubiera contactos físicos entre ambos, pero no sería extraño que el padre de S. hubiera sufrido abusos por parte de su madre adoptiva.

A fin de cuentas, el padre no tuvo la posibilidad de vivir y formular sus necesidades propias, de modo que en la edad adulta siguió anclado emocionalmente en una etapa infantil. Probablemente tampoco pudo desarrollar una identidad masculina sólida, que le habría permitido llevar una vida emocionalmente adulta. Cabe suponer que debido a su falta de autoestima necesitaba que sus descendientes (sus hijas), por un lado lo admiraran y por otro lo temieran. Satisfacía su ansia de poder y su inclinación narcisista tanto con sus hijas como con su esposa. Además, con la profesión elegida se creó una posición social que le proporcionaba exteriormente autoridad y prestigio, pero interiormente no era capaz de percibirlos. Derivaba su moral de la teología, claro que seleccionando siempre los aspectos que le cuadraban y que entonces defendía de cara al exterior. Así, ante S. aprovechó siempre historias de la Biblia para justificar sus abusos, como por ejemplo la historia de Lot y sus hijas. Le decía entonces a S. que en las Sagradas Escrituras se hablaba positivamente del contacto erótico-sexual de las hijas con el padre. Esto resultó especialmente gravoso para la señora S., pues tuvo que leer aquellos pasajes y todo ello le hizo dudar de la Biblia.

Con este ejemplo concreto he tratado de mostrar cómo puede manifestarse el estado patológico sobre la sexualidad. Como ya he señalado, una persona lujuriosa es una persona que se coloca a sí misma en un plano inhumano y sigue sus pulsiones de forma tan egocéntrica que le es indiferente qué va a ocurrir con el otro, es decir, por ejemplo, con su víctima. En la edad contemporánea se calificaría la incapacidad de supeditarse al tabú del incesto de lujuria en sentido profundo y patológico. Esto se interpretaría efectivamente, para decirlo en el lenguaje del pasado, como un «comportamiento pecaminoso».

El ejemplo de la historia de la señora S. se ve que el incesto no es un problema de nuestra época, sino que ha puesto en graves aprietos a muchísimas personas en todos los tiempos. Por muchos estudios se sabe que los autores, sobre todo en el caso del incesto, han sido a menudo también víctimas de éste en su infancia. En este sentido, cabe imaginar que el padre de la señora S. tuvo a su vez experiencias destructivas y abusivas con sus padres adoptivos, experiencias que hicieron que él mismo se convirtiera en victimario. Gracias al proceso terapéutico, la señora S. ha logrado romper la cadena destructiva, ya que ha sabido desarrollar una relación positiva con sus dos hijos adultos y además ha logrado transmitirles, antes de su propio proceso terapéutico, una mayor autoestima y por tanto un yo más estable que los que recibió ella.

Anselm Grün

El Bosco representa la lujuria en una escena en la que miembros de la corte beben en una carpa y se divierten con mujeres. Delante de la carpa, un necio recibe golpes en el trasero desnudo. La lujuria se entendía a menudo como libertinaje y adicción al sexo. Las historias bíblicas que se mencionan en este contexto son la de la mujer libidinosa del funcionario egipcio Potifar, que pretende a José, y la de los ancianos jueces que acechan a la bella Susana cuando ésta se baña. Y a veces se representa la escena en la que las dos hijas de Lot se acuestan con su padre borracho de vino. Johann Wilhelm Baur representó la *Luxuria* en 1670 en forma de una mujer grande con los pechos descubiertos, las piernas abiertas y una serpiente a sus pies.

La palabra latina *luxuria* designa originalmente una fertilidad desbordante, pasando a significar después abundancia y voluptuosidad. Hasta la Edad Media, de todas maneras, la lujuria no se interpreta como apetencia sexual desmedida que no conoce límites. Los griegos personificaron esta apetencia sexual en la diosa del amor, Afrodita. C. G. Jung opina que el cristianismo reforzó la lujuria en el subconsciente de los seres humanos precisamente por su rechazo de la sexualidad.

Expondré únicamente dos historias bíblicas como ejemplo de lujuria. La primera es la historia de los dos jueces que acometen a la bella Susana cuando ésta se baña. Pretenden poseerla sexualmente, pero Susana se defiende del acoso de los dos ancianos. En este caso se ilustra –cosa que más tarde sería también un tema literario frecuente– el apetito venéreo de los hombres viejos. Precisamente ellos, que han reprimido su sexualidad o están frustrados porque han dejado de ser atractivos sexualmente, son a menudo lujuriosos. No saben dominarse y se guían por sus pulsiones. La Biblia describe su actitud con estas palabras: «Los dos viejos la veían [a Susana] entrar y pasear todos los días y comenzaron a desearla con pasión. Su mente se pervirtió y se olvidaron de Dios y de sus justos juicios» (Dn 13, 8s). Así, su deseo se apoderó completamente de ellos, que olvidaron su piedad. Sorprendieron a Susana, pero ella se defendió de su acoso. Entonces decidieron vengarse y acusaron a la mujer, diciendo que habían observado cómo se entregaba sexualmente a un hombre joven. Susana es condenada a muerte, pero entonces aparece el joven profeta Daniel y la salva. Confronta a los dos ancianos con su pasión, que los ha cegado, y hace que los ejecuten: «Les aplicaron el mismo castigo que ellos habían tramado para su prójima. De acuerdo con la ley de Moisés, fueron ejecutados» (Dn 13, 61s). Esta historia advierte, por tanto, de la lascivia de las personas mayores, que hacia fuera muestran una fachada piadosa, pero que en su fuero interno rebosan de pasión sexual que son incapaces de dominar. La superación de este vicio se produce en este caso mediante la confrontación con la verdad y después con el castigo. A veces, una persona lasciva ha de conocer su propio límite para poder recuperarse. Anne Maguire cita en su artículo sobre la lujuria el ejemplo del fundador de la Orden de la Trapa, una de las órdenes más estrictas de la Iglesia Católica. Era un vividor, pero su amante quedó desfigurada por la viruela y murió. La visión del rostro deformado hizo que el vividor libidinoso recapacitara. Después vivió como monje trapense lo opuesto a su lujuria (cf. Maguire, 185 y ss.).

La otra historia es la del rey David y Betsabé (2 Samuel 11): David pasea por la tarde en la terraza de su palacio real. Allí ve a una mujer bañándose, y se queda tan prendado de ella que se informa de quién es. Cuando se entera de que se trata de la mujer de Urías el hitita, manda traerla y yace con ella. La mujer queda embarazada, y para ocultar es él es el padre, David hace llamar a Urías, que se halla en el campamento militar, y le ordena que vaya a su casa para que duerma con su esposa. Sin embargo, Urías es un soldado imbuido del sentido del deber y durante el servicio no se acuesta con su mujer. Así que David lo envía con una carta a Joab, el comandante del Ejército judío. En ella le dice que destine a Urías al punto más peligroso del campo de batalla para que lo maten. Urías pierde la vida, y por tanto David comete un asesinato. Incluso el rey David, que por lo demás figura como ejemplo de la piedad, es víctima en este caso de su pasión sexual. Cuando el profeta Natán le echa en cara su delito, David se arrepiente: «He pecado contra el Señor» (2 Sm 11, 13). El niño dado a luz por Betsabé muere al cabo de poco tiempo.

La historia muestra que ni siquiera personas piadosas se salvan siempre del vicio de la lujuria. Es, por tanto, una advertencia a todos de que no se hagan ilusiones sobre su propia piedad. El vicio de la lujuria puede apoderarse de nosotros en todo momento. Por eso debemos estar alertas y al mismo tiempo ser humildes. Quien piensa que está por encima de todo es el que más peligro corre.

Evagrio Póntico prevé precisamente entre los monjes la tentación de la lujuria, o bien, como suele llamarla, la aberración sexual. Habla del demonio de la aberración sexual, que puede apoderarse del monje de manera tan inesperada como de David cuando ve a Betsabé bañándose. Evagrio describe a este demonio con estas palabras: «El demonio de la fornicación empuja a desear los cuerpos variados. Ataca violentamente a los que viven en la continencia, persuadidos de que no ganan nada practicándola» (*Tratado práctico,* 8). La pugna con la propia sexualidad no era para Evagrio la cuestión principal, pero sabe que el monje cultiva sus fantasías sexuales. Sin embargo, esto no le preocupa mucho, pues está convencido de que las fantasías sexuales sólo se desbordan cuando el monje siente frustración. Por eso debe tratar de provocar en su interior emociones positivas cantando salmos. De todos modos, para Evagrio el mejor remedio es el amor. Sólo cuando se transforma la sexualidad en amor consigue el monje establecer una relación sana con ella. Se convierte en una fuente de vivacidad sin llegar a dominarle.

Muchos cristianos han intentado, en todas las épocas, luchar contra la pasión sexual, contra la lujuria, y reprimirla. Pero cuanto más lo hacen más se refuerza en el subconsciente. Y muy a menudo irrumpe entonces con su fuerza indomable, precisamente en personas piadosas. La transformación de la lujuria no puede consistir en su represión, sino únicamente en su sustitución por Eros. Eros es la fuerza que une todo lo que está separado. Eros es para los griegos el amor apetecible, atractivo y fascinante. En toda avidez sexual se esconde en última instancia el deseo de unión, de éxtasis, de placer. No sólo el cristianismo ha tenido a menudo una opinión negativa del placer. La filosofía estoica ya veía en el placer la decadencia del ideal de equidad o de la *ataraxia,* la ausencia de turbación. El placer estaba, para los estoicos, demasiado asociado a las emociones, cuando ellos veían el ideal en la persona que se guía exclusivamente por la razón. Sin embargo, ni el estoicismo ni el cristianismo han logrado impedir la lujuria. Por eso hacen falta vías para aceptarla y transformarla.

Una de las vías pasa por una cultura de la sexualidad vivida, tal como se practica en la vida en pareja o en la amistad. Para que la sexualidad sea satisfactoria, se precisa mucho tacto con la pareja. La sexualidad es la culminación del amor. Cuando falta ternura, no es posible vivir la sexualidad como es debido. Por eso la sexualidad es un reto incesante que exige trabajar la relación con el marido o la esposa y comprender y aceptar cada vez más al otro. Requiere la disposición a abrirse y entregarse a la pareja. La sexualidad siempre tiene que ver con la entrega. Y esta entrega, que se materializa en el acto sexual, ha de ejercitarse en la vida en común de todos los días.

La otra vía para superar la lujuria pasa por la renuncia a la sexualidad vivida, tal como se da en el celibato de curas y monjes, así como entre los solteros y las solteras que han decidido conscientemente vivir sin pareja. Muchas personas han elegido esta vía para evitar o reprimir su sexualidad, pero a menudo no lo han logrado. Cuanto más se reprime o se rehúye la sexualidad, tanto más se refuerza. Esto hace, por un lado, que los curas celibatarios se interesen en la confesión sobre todo por la sexualidad de quien confiesa. Por otro lado, provoca formas de represión enfermizas, que a menudo se convierten en escrupulosidad o en comportamientos artificiales. La sexualidad reprimida se manifiesta a veces también en forma de vanidad y afán de protagonismo. La transformación de la lujuria por la vía de la renuncia solamente se consigue si se afronta la propia sexualidad y se la vive como una fuerza positiva. La sexualidad puede transformarse entonces en cultura. Sigmund Freud ya opinaba que la sexualidad era el motor de la cultura por excelencia. La pintura, la música, la poesía, todas giran alrededor del tema de Eros. Al expresar a Eros, éste transforma la sexualidad. Además de la cultura, hace falta una buena relación entre hombres y mujeres para poder vivir Eros de buena manera. Y se requiere creatividad. La sexualidad quiere transformarse en creatividad, en fertilidad, en flujo. Quiere llevarnos más allá de nosotros hacia la trascendencia. Por esto, la mística ha sido siempre una vía importante para transformar la sexualidad. Únicamente una sexualidad transformada nos protege de la lujuria. En cambio, la represión y la evasión conducen siempre al reavivamiento de la lujuria.

El psiquiatra italiano Roberto Assagioli cree en la posibilidad de transformar la energía sexual en energía espiritual. Opina que esta transformación la han logrado muchos místicos, y que sólo se consigue si no se evitan ni se reprimen con saña las energías sexuales. Assagioli cita a dos autores que confirman la vía de la transformación de la energía sexual en espiritual. Por un lado, san Juan de la Cruz: «Únicamente el amor superior puede vencer sobre el inferior». Y por otro, Artur Schopenhauer, para quien el despertar de la sexualidad viene acompañado siempre de una energía espiritual: «En los días y noches en los que la tendencia a la lujuria es más fuerte […] es entonces cuando también las mayores energías espirituales […] se prestan a la máxima actividad» (Assagioli, 243). La vía mística no está abierta a todo el mundo, pero demuestra que en el cristianismo ha existido, junto a la vía de la represión de la sexualidad, retomada de la filosofía platónica, una vía erótica de transformación de la sexualidad en espiritualidad. Hoy se trata de redescubrir esta vía.

Gula

Bernd Deininger

La comida y la sexualidad son las cosas que asocian al ser humano con el mundo animal y le muestran a todas luces su vinculación con la naturaleza. La comida entendida como ingestión de alimentos es indispensable para la existencia de un organismo, sin ella no sería posible la vida. En el curso de la historia de la humanidad, la ingestión de alimentos, o sea, la comida, ha desarrollado también un aspecto de índole cultural. Como constató el gran etnólogo francés Claude Lévi-Strauss, el paso mismo de la comida cruda a la cocida ya representa una transición cultural. La comida supone una actividad cultural cuando viene acompañada de conceptos como, por ejemplo, «arte culinario». En los tiempos modernos, las cocinas premiadas de los restaurantes gozan de un elevado estatus cultural, especialmente si se consagran también a una tradición nacional. En el camino hacia la modernidad, la evolución culinaria halló el camino del ámbito natural al ámbito cultural, donde ha ocupado un espacio importante. En el Romanticismo europeo, nada menos que uno de sus representantes más radicales, el escritor Novalis, explicó cómo el hambre del estómago, los ojos, el corazón y el alma están interrelacionados en analogías que varían continuamente. La comida en comunidad era para él un acto simbólico de unión. Además, señaló que la comida permite disfrutar de todo lo espiritual y ponerlo de manifiesto.

El ser humano se ha desplazado al extremo superior de la cadena alimentaria, lo que significa que es uno de los seres vivos que ya no debe considerarse un objeto comestible. Esto también es un aspecto importante de la proeza cultural, porque en los tiempos en los que el canibalismo se consideraba normal, el ser humano se situaba naturalmente en las filas del mundo animal.

Cuando el papa Gregorio mostró en su libro *Comentario moral a Job* las cinco posibilidades de que podamos pecar de gula, ya existía la comida como acto cultural entre los romanos y los griegos, pero Gregorio no abordó la comida como acto cultural, sino que trató de destacar su significado anticultural. Así, tacha de reprobable, por ejemplo, la «avidez excesiva», la «cantidad excesiva», así como la comida «demasiado temprana», «demasiado cara» y «preparada con excesiva concentración». ¿Por qué estigmatizó, por tanto, la gula como pecado mortal? Porque en lo que se manifiesta diariamente en todas las personas a través del hambre y la sed, de los placeres orales, de la ingestión hasta no poder más, acecha el peligro de buscar espontáneamente allí la felicidad, postulando así el olvido de Dios a favor de la obsesión por uno mismo. Apenas existe otra forma de represión de los deseos espontáneos que se apodere tanto de un individuo como el autocontrol oral.

La ingestión de alimentos como necesidad básica del ser humano viene determinada por múltiples factores, tanto de carácter instintivo-compulsivo como psicológico-interactivo y fisiológico. Todos ellos actúan conjuntamente y determinan el comportamiento nutricional. Si se desea que la individuación de una persona se desarrolle con éxito, precisamente la llamada fase oral desempeña un papel importante. La ira y el miedo que siente el bebé cuando la fuente materna de alimentación y cuidado no está disponible inmediatamente, tan pronto se requiere, deben equilibrarse con los sentimientos de cariño y protección si se pretende desarrollar, por un lado, la identidad y, por otro, la capacidad de tratar con otros. En el desarrollo psicoanalítico es importante categorizar debidamente lo que es adecuado para comer y lo que no. Es preciso frenar tanto las agresiones a base de mordiscos contra la madre como el temor a ser engullido, pues existen seres que comen y que también pueden ser comidos.

En el desarrollo psíquico, la ingestión y la aportación de alimentos desempeñan una función interactiva central. La aportación (la lactancia materna) viene acompañada de la experiencia de estar sujeto y abrigado, y de notar el contacto con la piel y el movimiento del cuerpo. Con este encuentro entre el lactante y la madre se transmite de modo fundamental la experiencia de una relación interpersonal que se deposita en la memoria implícita como referencia procedimental. Por esto, una satisfacción oral efectiva de una necesidad se convierte en la experiencia basal de cuidado y protección.

No obstante, la oralidad significa más que la aportación de alimentos. La vivencia principal es el placer de satisfacer necesidades mediante la adquisición y la ingestión. Esto enlaza con la aspiración a poseer como un aspecto de las necesidades humanas básicas. En cambio, excesivas carencias orales, un trato demasiado consentido o la arbitrariedad provocan confusiones sostenidas en las relaciones tempranas, que por tanto pueden menoscabar gravemente el desarrollo de una estructura psíquica sana. Un desarrollo oral positivo desempeña una función sumamente autorreguladora. Se trata de una necesidad de vinculación y seguridad, y además de ser reconocido en sus necesidades y su particularidad y tratado con benevolencia y, finalmente, también, de poder alcanzar la autonomía. La suma de todas estas necesidades conduce a una autoestima estable. Tan importante como la ingestión de alimentos del lactante en la relación con la madre, también lo es prestar atención a una frustración a tiempo de las necesidades orales, pues ésta estimula más tarde el proceso de independización psíquica y favorece el desarrollo de la autonomía.

En particular, si en caso de exceso de atención al niño –en la actualidad de habla de padres helicóptero– se producen dependencias orales, éstas obstaculizan el acceso a la autonomía y causan profundos conflictos en su desarrollo, acompañados de temores de pérdida.

Estos conflictos constituyen la base para gestionar los posteriores conflictos en torno a la individualización, la autonomía y la identidad como conflictos orales. Esta manera de procesar los conflictos puede facilitar en especial la aparición de trastornos psicógenos de la alimentación.

Los trastornos de la alimentación comprenden tanto la anorexia –*Anorexia nervosa*– como la bulimia –*Bulimia nervosa*–, asociada al sobrepeso. Claro que la gula y el sobrepeso no pueden considerarse sinónimos. La gula es una manera de comer, digamos pantagruélica, mientras que el sobrepeso –*adipositas*– describe un estado del cuerpo. En este punto conviene señalar que «comer demasiado» no tenía nada que ver con la obesidad cuando se incluyó la gula por primera vez en la lista de los pecados, sino que designaba el placer de comer hasta la saciedad. A pesar de ello, en el mundo moderno el concepto de gula está estrechamente relacionado con el sobrepeso y la adiposis.

Debido a su posición central y sus múltiples interpretaciones, el modo de relación oral es fácil de perturbar y por esto se presta a ocupar una posición destacada en el ámbito de los conflictos interpersonales. Puesto que los trastornos de la alimentación se basan en este modo de relación, constituyen un ámbito muy amplio de gran importancia para explicar el fracaso de las relaciones interpersonales. Sin embargo, los trastornos de la alimentación no sólo apuntan a una perturbación de la vivencia de la pulsión oral, sino especialmente a problemas de regulación de la seguridad basal, de la autoestima y de la autonomía. Por un lado, en los trastornos de la alimentación se manifiesta una necesidad de cuidados, y por otro sirven a la autoafirmación y la estabilización de las fronteras del yo amenazadas.

Para explicar psicoanalíticamente las secuelas de la gula quiero centrarme en particular en el cuadro clínico de la bulimia nerviosa. La bulimia se describió por primera vez alrededor de 1980 en Estados Unidos. Se trata de una enfermedad que afecta principalmente a mujeres y se caracteriza por episodios de hambre canina con ataques de ingesta desmesurada de comida, seguidos de autorreproches y del temor a la pérdida de control con respecto a la alimentación.

La palabra bulimia proviene del griego y, traducida literalmente, significa «hambre bovina» (en griego *bous* = «buey», *limós* = «hambre»).

La bulimia es una enfermedad que se manifiesta principalmente al término de la adolescencia o al comienzo de la edad adulta. Se desarrolla de forma cronificada y por impulsos, se combina con fuertes sentimientos de vergüenza y por eso se oculta durante mucho tiempo. Muchas veces se solicita el tratamiento cuando ya han pasado años desde que apareció. En el centro del cuadro clínico se halla la preocupación por la comida, asociada a accesos de hambre canina y avidez de comida, en los que se degluten grandes cantidades «pantagruélicas», a menudo en forma de dulces, de manera totalmente incontrolada. Para evitar un excesivo sobrepeso, después de estos ataques de apetito se suelen tomar laxantes o provocar el vómito. Las personas afectadas sufren subjetivamente con esta situación, en la que «todo gira exclusivamente alrededor de la comida». Por tanto, existe un sentimiento de estar enfermo y sufrir. Puesto que debido a la enfermedad se siente mucha vergüenza y se formulan muchos autorreproches, las personas afectadas rehúyen cada vez más las relaciones sociales para evitar dentro de lo posible que el mundo exterior perciba la enfermedad.

La psicodinámica de los accesos bulímicos es polifacética. Se trata ante todo de la satisfacción compulsiva de una necesidad por lo demás reprimida. Las personas afectadas suelen reprimir sus pulsiones porque inconscientemente se consideran ávidas y temen perder el cariño de los demás a causa de su avidez. En este sentido, la avidez física y oral expresa una necesidad anímica y un ansia de relación, y esta avidez en el ámbito anímico se combate, por así decirlo, en el plano corporal. Son síntomas típicos de las personas con trastorno de la alimentación, en particular con bulimia, alteraciones depresivas que son muy fuertes y pueden conducir a impulsos suicidas. Los pacientes hablan de sensaciones de vacío y astenia, que dan lugar a accesos bulímicos. Estos accesos reducen entonces la presión durante un tiempo breve y permiten superar las sensaciones de vacío.

Además de los factores psicodinámicos arriba descritos intervienen también, de forma significativa, factores genéticos. Está demostrado que en familias de pacientes con trastornos de la alimentación hay otros parientes con esos mismos trastornos. Otro aspecto importante es el referido a factores socioculturales. Un indicio al respecto es la prevalencia de la enfermedad en mujeres, su mayor presencia en los países industrializados occidentales y el claro aumento de casos en las últimas décadas. En este contexto, el ideal de esbeltez y belleza de los países occidentales incide de modo importante: se espera de las mujeres jóvenes que sean esbeltas. La esbeltez se asocia al buen estado físico, al éxito profesional, a la eficiencia y a la capacidad de atraer a posibles parejas. Por el contrario, las personas con sobrepeso se consideran cada vez más perezosas, necias e incapaces de controlarse.

En toda una serie de medios destinados específicamente a las mujeres se sugiere, con continuas propuestas de nuevas dietas, paralelamente a la reproducción de imágenes de mujeres delgadas, que en realidad cualquier mujer puede, si lo desea, formar su propio cuerpo. La oferta de dietas, medicamentos y tratamientos adecuados es inmensa y constituye un enorme mercado. Al mismo tiempo, la sociedad, incluidas las propias mujeres, asume e interioriza este ideal de esbeltez. El hecho de que los trastornos de la alimentación se den principalmente en los países industriales occidentales, y en menor medida en los países en desarrollo, tiene que ver con la existencia de una sobreoferta de alimentos y un cambio de hábitos alimentarios. Rathner y Messner han demostrado en un estudio que el 28 % de chicas sanas de 11 a 19 años de edad en Austria habían llevado a cabo como mínimo una dieta y un 33 % estaban realizando una dieta en el momento del estudio.

Por eso cabe suponer que el impulso instintivo de ser esbelta es un importante factor desencadenante de los trastornos de la alimentación. Fairburn y colaboradores (1997) han demostrado en un estudio que, en comparación con personas sanas, los pacientes de bulimia ya presentaban en la niñez un grado de autoestima mucho menor, eran más miedosos y tenían menos amigos íntimos. Alrededor del 30 % sufrían además, antes del comienzo del trastorno, una depresión grave. Se observó una mayor incidencia significativa de problemas educativos. En sus familias, tenían depresión el 23 % de los progenitores, y en el 24 % había dependencia del alcohol. Los porcentajes correspondientes en el grupo de control sano eran del 4 y el 5 %, respectivamente. En las familias se hacían dietas a menudo, se hablaba más de comida y peso, los progenitores tenían en muchos casos sobrepeso, el 40 % de los pacientes ya tenían sobrepeso en la infancia.

En los pacientes que he tratado me ha llamado la atención, en especial, la existencia de fuertes deseos de ser atendidos, de expectativas poco realistas con respecto a otras personas, asociadas a una estimación errónea de la propia personalidad. A menudo también he observado dudas con respecto a la identidad sexual propia con la sensación de no ser apetecible como hombre o como mujer. Una característica importante es el hecho de haber sido un niño consentido en la fase oral en sustitución de toda atención emocional. Se trata a menudo de personas que están acostumbradas a que ante cualquier preocupación les «tapaban la boca» con algo de comer. Detrás de ello subyace casi siempre un sentimiento de culpa de los progenitores, que piensan, por ejemplo, que debido a sus propios problemas no dan o no pueden dar al niño todo lo que necesita. De este modo, el niño no adquiere una visión realista de sus propias posibilidades, pero tampoco una opinión realista de lo que se puede esperar de él. Debido a la sobreprotección, han sido educados para la comodidad y la falta de independencia, ya que siempre le han retirado todos los obstáculos que había en su camino.

La aparición de los síntomas suele ocurrir a menudo después de la pérdida de la persona de referencia, una separación, una humillación o una frustración en el ámbito personal y profesional. En las personas jóvenes, muchas veces se produce a raíz del abandono del hogar paterno para emprender un estudio universitario o una formación profesional, del fracaso en la búsqueda de pareja o de la obtención de peores notas que las esperadas. La ingestión de comida puede ser en este caso un sucedáneo del amor, de la admiración y de la confirmación que se han perdido o no se han alcanzado en el sentido de un autoconsuelo que independiza a la persona afectada de su entorno, que le frustra. Sin embargo, el exceso de comida también traduce una agresividad dirigida hacia uno mismo y un ánimo autodestructivo que se manifiesta en la figura física amorfa, la falta de atractivo y una apariencia que en parte puede llegar a ser repelente.

Como pretendo exponer aquí desde un punto de vista psicoanalítico, la gula entendida como una ingestión excesiva y compulsiva de comida es una enfermedad que se explica por un desarrollo psíquico perturbado. No obstante, al margen de las patologías, existen además otros muchos aspectos referidos a la cultura gastronómica y la comida en general. La moral del «tragón» estaba arraigada con valor positivo en la memoria colectiva, junto con la moral del asceta y la moral de la moderación. Por ejemplo, en los pueblos germanos la desmesura se consideraba un signo de fuerza en una población siempre amenazada de hambre, un signo de inteligencia en el seno de una aristocracia que nadaba en la abundancia y un signo de alto rango social en la alta burguesía. Con la llegada de especies exóticas como el jengibre, la canela, el clavo, que proliferaron en el siglo IX en los mercados franceses, alemanes e italianos, se desarrolló el arte culinario. Las cruzadas llevadas a cabo a finales del siglo XI, no llevaron a la gente de Oriente el ascetismo que imponía en parte la disciplina cristiana, sino que trajeron a las de Occidente un mayor refinamiento de la cultura gastronómica. Por tanto, la estigmatización de la gula que decretó el papa Gregorio no fue más que una faceta del cuadro lleno de contrastes de la cultura europea de la buena mesa.

Mientras que el judaísmo reconoce y cultiva el placer de comer como parte deseada por Dios de la existencia humana, el disfrute material, como por ejemplo la comida, sin embargo, tiene mala imagen en la tradición cristiana, pese a que se trata de un placer ancestral que experimenta el lactante nada más llegar a este mundo. Pasar hambre en nombre de una instancia ajena es una de las formas más efectivas de sometimiento, pues no es posible sin autocontrol. El autocontrol requiere la represión del propio cuerpo, en especial cuando no se desee demostrar a nadie más que a uno mismo.

Ahora bien, actualmente muchas personas no ayunan en virtud de un ideario religioso, sino porque desean ajustarse a los ideales de belleza y salud en boga. Existen muchos coetáneos que, por ejemplo, tratan los alimentos de alto contenido de colesterol como si fueran basura tóxica. Ya no se lee la Biblia, como en la Edad Media —quienes supieran leer, claro—, sino que en su lugar se estudian guías dietéticas, y en vez de la oración matutina se comprueba el peso corporal en la balanza y ya no se peregrina, sino que se practica el *jogging* y se camina. En este terreno existen distintas tendencias y variantes, por supuesto: unos reducen al mínimo la ingesta de hidratos de carbono, otros la de grasa. Al amparo de la investigación médica se habla de ictus e hipertensión, cuya base empírica en la mayoría de los casos es menos sólida que los cuentos de hadas. Los fumadores contemplan en las cajetillas de cigarrillos pulmones carcomidos por el cáncer, imágenes que no tienen nada que envidiar a la de un pecador torturado con tenazas al rojo vivo en un cuadro del Bosco. Todas apuntan a lo mismo: mala conciencia y miedo.

Se podría pensar, entonces, que la mentalidad medieval y la de la modernidad son muy parecidas, pero esto sólo aparenta ser así a primera vista, pues lo más esencial ha cambiado: la justificación de la autoimposición. Antes se practicaba en el nombre de Dios, ahora en nombre propio. La gravedad que pesa sobre la cuestión de la alimentación no ha cambiado. En la era moderna apenas existe un ámbito que reciba más atención por parte de los humanos. Sólo que ahora ya no se peca contra Dios, sino contra uno mismo, contra la salud, la esperanza de vida y la apariencia. El castigo ya no es el futuro martirio en el infierno, sino de inmediato el creciente perímetro del vientre, los depósitos de colesterol en el hígado o los residuos tóxicos que quedan en el cuerpo. Esto conlleva luego sermones contra la hamburguesa o la salchicha al curry y las patatas fritas.

Con esta manera de enfocar la comida y la alimentación se pierde el placer de la buena mesa, que está asociado a la fantasía culinaria, un ambiente agradable y la presencia de interlocutores interesantes. Darse cuenta de ello da muchísima pena, y en este sentido se trata de encontrar el equilibrio entre dos extremos. Esto constituye, sin duda, un reto muy importante para el ser humano moderno. En el mundo medieval había una oscilación entre el ayuno y la gula, en medio no había nada. Hoy se trata de hallar una alternativa a un alimento congelado y una sopa de sobre.

Quien se cocina algo bueno siguiendo una receta acaricia la idea de que se regala algo y se hace bien a sí mismo. En la cultura gastronómica de la Edad Media, la comida en sociedad era una norma. El legado grecorromano del simposio y la herencia germánica de la gula demostrativa influían mucho más en el modo de comer que el principio de la ascesis. La experiencia colectiva del hambre y el recuerdo de hambrunas del pasado, así como la expectativa de que vinieran otras, bastaban para compensar moralmente la gula en los períodos de vacas gordas y salvar la comida de toda sombra de pecado. Así, el ser humano medieval era un tragón entusiasta y risueño, quien gracias a las especias importadas le encontraba cada vez más el gusto y aceptaba todo lo que ofrecían los mercados.

Los seres humanos del siglo XXI justifican su mesura y su abstemia con respecto a la comida como una medida de protección de la propia salud. Si en la Edad Media la gente se atiborraba alegremente, en la Edad Moderna contempla los alimentos con reticencia y se esfuerza por no caer en la tentación de llenarse la barriga. Muchas personas piensan en residuos de pesticidas, conservantes y aditivos genéticamente modificados, considerando que la ingestión de alimentos comporta una destrucción potencial del propio cuerpo. En este sentido, el alimento como medio de vida también podría ser un «medio de muerte». Visto así, para muchos coetáneos se ha perdido en gran medida la cultura de la buena mesa y con ella el placer sensorial de relacionarse entre sí.

A lo largo de la historia de la humanidad, la comida ha desempeñado siempre un papel importante en las diversas sociedades humanas. Claro que esto no se refiere únicamente a la mera ingesta de alimentos, sino que constituye una experiencia profundamente social y que configura la identidad. La comida nos define simbólicamente según la divisa de «eres lo que comes».

Lo que comemos revela de dónde venimos, qué posición ocupamos dentro de la sociedad y qué es importante para nosotros. Los ágapes colectivos son a menudo la amalgama de relaciones sociales y han desempeñado en la evolución un papel crucial, en el sentido de que juntaban a hombres y mujeres en hogares y contribuían a la formación de comunidades más grandes. La cena sigue siendo hoy en muchas familias una cita ineludible para favorecer las relaciones en su seno. Existen estudios que indican que las familias que comen unidas se desarrollan más positivamente y desarrollan mejores pautas de comunicación en la educación de sus hijos, que gracias a ello son más sanos psíquica y físicamente en la escuela. En una cultura que logra conservar gran parte de lo que tiene la comida de buen sentido, placentero y social, se forma comunidad en vez de aislamiento y diversidad razonable en vez de sencillez y monotonía.

Seguidamente quiero ilustrar con un ejemplo concreto de mi consulta el aspecto patológico de la gula en el sentido de deglutir exageradamente, tal como lo conocemos en los síntomas de la bulimia nerviosa o el llamado trastorno por atracones *(binge-eating disorder)*.

Acudió a la consulta un hombre de 25 años de edad, que exteriormente parecía muy aseado y de peso normal. Informó de que una vez concluida su carrera de Administración Empresarial había trabajado en diversas empresas, pero que en casi todos los casos había dejado el empleo al cabo de 6 u 8 meses, pues era incapaz de integrarse en el equipo. Cuando estaba solo y defraudado en casa solía «deglutir» enormes cantidades de alimentos, sobre todo de dulces, hasta que le venían tales náuseas que tenía que vomitar. Después de estos accesos de hambre canina se sentía siempre muy mal y culpable y notaba un vacío interior, no le veía sentido a la vida, se ponía muy triste y tenía que llorar sin motivo aparente. Aparte de las dificultades en la profesión, las relaciones con mujeres también resultaban muy complicadas. Logró mantener una primera relación, a la edad de 19 años, durante varios años, aunque siempre insistiendo en conservar su independencia. La cercanía emocional de su novia le hacía sentirse como si se lo «tragara». Cuando después de una disputa se distanciaba de ella, se sentía mejor, pero después volvía a estar triste. Cuando su novia le atendía emocionalmente, incluso forjando planes sobre una posible vida futura en común, nunca quiso saber nada. Al cabo de cinco años, ella le dejó, y después él mantuvo relaciones pasajeras y desarrolló un fuerte afán de conquista, pero si conseguía atraer a la mujer y mantener una relación sexual con ella, perdía todo interés en continuar.

De su biografía cabe destacar lo siguiente: se crio en el seno de una familia muy rica, siendo el segundo hijo. El padre era un notario de gran prestigio, que tenía muchos clientes internacionales y viajaba mucho por el extranjero. Desde muy pequeño se enteró de que el padre mantenía continuamente relaciones extramatrimoniales, casi siempre de corta duración. La madre lo toleraba. Con el padre, él mantenía una relación ambivalente: por un lado lo admiraba, por otro lo detestaba. El afecto del padre hacia él consistía en colmarle de regalos y darle mucho dinero, con el que podía satisfacer al instante todos sus deseos. Así, cumplidos los 18 años ya le regalaron un automóvil deportivo y por lo demás podía permitirse toda clase de lujos.

La madre era una persona emocionalmente muy «sobria». Había estudiado Literatura y trabajaba de redactora en un periódico de gran tirada, y también viajaba mucho. Tanto ella como el padre llevaban una vida muy autónoma e independiente entre sí. El paciente siempre se sintió rechazado por la madre. Una hermana, cuatro años mayor que él, había muerto en un accidente cuando él tenía dos años. La madre le dijo a menudo que se sentía emocionalmente más cerca de la hermana que de él, y le dio a entender, sin decirlo expresamente, que habría preferido que fuera él quien hubiera perdido la vida. La madre también le colmaba de cosas materiales y le satisfacía todos los deseos.

Estuvo al cuidado sobre todo del personal doméstico, canguros y niñeras que cambiaban a menudo y le proporcionaban calor emocional en la medida de lo posible. Sin embargo, cuando empezaba a tomarle cariño especial a una de ellas, la despedían al cabo de poco tiempo.

Así que jamás aprendió a mantener una relación emocional estable, simplemente lo habían «atiborrado» de bienes materiales, pero por lo demás dependía sólo de sí mismo. En la escuela era muy apreciado a causa de su riqueza y su prodigalidad. También tenía amigos, pero a los que retrospectivamente considera «comprados» en la mayoría de los casos. Siempre tenía la sensación de que el aprecio no se refería a su persona, sino a lo que podía ofrecer externamente, de manera que siempre se sintió utilizado.

La irrupción de los accesos de ingestión compulsiva de comida y la acumulación de bienes materiales para sentirse a gusto hacia fuera se intensificaron después de que su novia lo abandonara y él se diera cuenta de que en la profesión no le iban bien las cosas.

Desde el punto de vista psicodinámico, llamó la atención la fuerte oscilación de la autoestima, que fluctuaba entre una notable sobrevaloración narcisista y una completa devaluación de su propia persona. Por un lado, tenía la sensación de poder lograr y mover lo que fuera, pero por otro, notaba su dependencia de otras personas, siendo para él importante que estas personas le reconocieran y apreciaran. No soportaba la crítica, en cuyo caso se retiraba de inmediato, sintiéndose ofendido. Incluso ante pequeñas frustraciones le venían pensamientos de que nada tenía sentido, combinados con impulsos suicidas. Aborrecía estar solo. Cuando se sentía solo, tenía que martirizarse, lo vivía como una obligación, lo que dio lugar después a los accesos de ingestión compulsiva de comida y a la destrucción de bienes materiales caros, que inutilizaba adrede o echaba a la basura, cortando a tiras, por ejemplo, jerséis de lana de Cachemira o rompiendo cámaras fotográficas y pinturas de valor. De este modo, en la fase temprana de su desarrollo se quedó estancado entre el deseo de depender de una persona que le atendiera emocionalmente y las aspiraciones a la autonomía y al máximo de independencia.

La sobreabundancia material que le proporcionaban los padres y al mismo tiempo la sobriedad emocional y el desdén que percibía, sobre todo por parte de la madre, le impidieron desarrollar una autoestima estable.

Mi paciente no tenía conciencia de los límites y de la mesura a la hora de tratar los objetos. Tenía la sensación de que debía tomar todo lo que pudiera, para destruir después todo lo que recibía, lo que le provocaba intensos sentimientos de culpa. El afán de despilfarro demostrativo y de fachada se acompañaba de un vacío interior y una sensación de nulidad y la arrogancia de controlarlo todo.

En el curso de la terapia, de dos años de duración, se trató de ofrecerle una relación emocional sostenida y de transmitirle la sensación de que en realidad ahí está todo lo que necesita, sin que tenga que atiborrarse continuamente. El factor decisivo para la salida de la «gula» fue el reconocimiento de que no son las cosas externas las que le caracterizan como ser humano, sino la relación emocional referida a él y no lo que puede mostrar hacia fuera.

Al término del tratamiento se animó a hablar con sus padres de su falta de atención emocional y explicarles que la sensación de que «te apreciamos» es para él más importante que los bienes materiales. Esto hizo que la madre también le hablara de sus sentimientos de culpa con respecto a él, en particular con referencia a la hermana que murió, que siempre había sido su preferida.

Anselm Grün

En el arte, la gula se representa a menudo en la figura de unos campesinos insaciables que comen y beben sin parar. Cuando la gula se ilustra como figura individual, casi siempre es una mujer gorda que sostiene un pollo asado en una mano y con la otra se acerca una jarra llena de cerveza a la boca. Como animal de compañía suele aparecer un cerdo.

La gula se refiere a la desmesura en la comida y la bebida. Algunas personas no tienen mesura, y en muchos casos no disfrutan al comer y beber, simplemente tragan y no pueden parar. La palabra latina *gula* significa en realidad «garganta» o «esófago», por donde se canaliza la comida y la bebida; de ahí que también haya adquirido el significado de «apetito desmedido» y «comilona». En cambio, la palabra «atracón» se refiere a un banquete en el que los comensales se llenan de comida y bebida hasta no poder más.

La Biblia advierte una y otra vez contra la embriaguez y la gula. Sin embargo, con un sermón moral no es posible superar la gula, y con la mera voluntad, tampoco. Primero hemos de buscar las causas y después las vías para transformarla. La gula y la embriaguez se convierten en muchas personas en una adicción: la bulimia y el alcoholismo. La adicción siempre es, en parte, un ansia reprimida. En la adicción a la comida se esconde a menudo el ansia de amor. La comida se convierte en la sucedánea del cariño. La persona quiere saciarse de amor, pero dado que no percibe este amor, sigue comiendo sin parar. Otro motivo de la adicción a la comida es el deseo de ser el centro de atención. Aunque a muchas personas obesas les resulta molesto que llamen de inmediato la atención de todo el mundo, detrás de esta vergüenza subyace a menudo la necesidad de ser vista, de ser importante para las demás personas, de pesar en el ánimo de quienes la rodean.

Detrás de la adicción a la bebida subyace a menudo el ansia de sentir cosas buenas, de sentirse protegido, de sentirse bien. El adicto a la bebida desea huir de la fría atmósfera que le rodea llenándose de alcohol: así, la mente olvida la situación deprimente. Sin embargo, ni la bulimia ni el alcoholismo satisfacen el ansia de amor o de buenas sensaciones, de éxtasis. Después de haber comido y bebido demasiado, el adicto a menudo se avergüenza y se siente aún peor que antes. Así se forma un círculo vicioso, porque es preciso volver a tapar una y otra vez con comida y bebida la falta de cariño y las malas sensaciones.

Lo contrario de la bulimia es la anorexia. En ésta, todo gira también alrededor de la comida, pero se trata de comer lo menos posible, de adelgazar. Esto puede deberse a diversas razones. Hay quienes se fijan en las imágenes de la moda actual: se aprecia la esbeltez. Pero las personas anoréxicas no tienen mesura, continuamente tienen miedo de llegar a comer demasiado. Otro motivo es que muchas personas sufren la anorexia como algo obligado. Una chica me dijo que eso era lo único que ella podía controlar. Las personas anoréxicas quieren autocontrolarse, y a menudo se trata de una reacción contra los progenitores: quieren escapar del control de los mayores tratando de autocontrolarse y comer lo menos posible.

La adicción sólo puede curarse si se transforma en ansia. Sin duda, la disciplina también puede ayudar, pero por sí sola no basta. Hace falta la tarea espiritual para transformar la adicción de nuevo en ansia. La cuestión es cómo hacerlo. El primer paso consistiría en reconocer el ansia que subyace a mi adicción. En general, podemos decir que tras la adicción a la comida subyace el ansia de cariño y tras la adicción a la bebida, el ansia de sentir felicidad y protección. Tras la anorexia subyace el ansia de belleza, de alcanzar un determinado ideal de belleza, o bien el ansia de conservar el control sobre sí mismo en medio de la incertidumbre de la vida. Sin embargo, esta generalización implicaría una simplificación, pues en cada persona subyacen ansias individuales a sus adicciones. La adicción siempre tiene un sentido. Por eso, el primer paso consistiría en hablar con la propia adicción, es decir, no autocondenarse de inmediato, sino comprender primero por qué uno no puede dejar de comer o de beber, qué le empuja a ello sin que logre resistirse.

El segundo paso consistiría entonces en hallar otras vías para abordar la propia ansia. En última instancia, toda ansia apunta a Dios. Pero antes de reflexionar sobre el ansia hasta sus últimas consecuencias de relacionarla con Dios, el único capaz de satisfacer mis necesidades de amor, de belleza, de ser uno y de saciedad, conviene que encontremos vías humanas para calmar ya ahora nuestra ansia. Aquí nunca lograremos colmarla, en todo intento humano siempre queda un hueco que sólo Dios puede llenar. Sin embargo, a pesar de ello es bueno que nos preguntemos cómo podemos manejar aquí y ahora nuestras ansias.

Si padezco bulimia, puedo preguntarme: ¿qué llenaría mi vacío? Normalmente trato de llenar mi vacío con comida para no notarlo. Pero también podría soportarlo alguna vez conscientemente. En el budismo, la experiencia del vacío es incluso una vivencia espiritual importante. Si estoy vacío de todo, quiere decir que también estoy abierto a lo divino, dicen los budistas. También en el cristianismo puede ser el vacío un ámbito de experiencia espiritual. En la tradición cristiana, esto se denomina *vacari Deo:* estar vacío para Dios. Cuando estoy vacío, estoy libre de todo lo que me hace dependiente. La psicología nos dice que el vacío puede ser una oportunidad para crear nuevas relaciones, es decir, para ser creativos. Se trata, por tanto, de manejar el vacío de otra manera. Sin embargo, de entrada, el vacío da miedo a muchas personas, pues en él se ven confrontadas con su propia verdad. Y esta verdad viene marcada a menudo por el desencanto o la frustración. El comer y el beber puede ser una huida de esta frustración. Pero si miro a la cara a mi frustración y me reconcilio con ella, se convierte en una vía para aceptarme en mi mediocridad y mi estado de necesidad. La vía de la reconciliación con la propia frustración pasa por la compasión: me compadezco de que la vida no satisfaga mis ansias y deseos, me compadezco de que algunos sueños de mi vida no se hayan cumplido y se hayan frustrado al cabo de poco tiempo. Y tengo que compadecerme de mi propia mediocridad. El ansia que subyace a la anorexia es, por un lado, la de la belleza, y por otro, la del autocontrol. ¿Cómo puedo manejar de modo distinto esta ansia? La belleza no depende exclusivamente de la apariencia.

Desde las enseñanzas de Platón, la belleza siempre tiene algo que ver con el amor. Amamos lo bello y la belleza despierta amor en nosotros. Si me contemplo a mí mismo con cariño, soy bello. Feo es tan sólo aquel que se odia a sí mismo. El anoréxico corre peligro de odiarse a sí mismo por no ser como quisiera.

El ansia de control es el ansia de poder forjarse uno mismo su propia vida, en vez de someterse a lo que digan otros. Sin embargo, el control también puede convertirse en una atadura. En última instancia, el motivo del control radica en el miedo a mí mismo: temo que en mí reside algo desconocido, malo, terrible, algo que no debe salir a la luz. Por eso tengo que controlarme a mí mismo. Esta ansia de control puede transformarse si me tolero: todo lo que hay en mí está permitido. Nada es absolutamente malo. Todo lo que surge en mi interior puedo ofrecérselo a Dios. Entonces puedo aceptarme a mí mismo y vivir interiormente en paz y libertad.

En última instancia, toda ansia apunta a Dios. Aparentemente, tal vez, busque la belleza, el amor, el éxito, el reconocimiento: en el ansia percibimos nuestra propia necesidad, y ésta hemos de satisfacerla de un modo humano, es decir, embelleciéndonos, relacionándonos con personas a las que queremos, trabajando con toda la pasión del mundo para tener éxito. Pero al mismo tiempo hay que dirigir el ansia, más allá del intento humano de satisfacerla, hacia Dios. Podemos tener los éxitos que queramos, podemos llegar a campeones del mundo en un deporte concreto, podemos lograr ser una celebridad mediática, pero esto no satisfará nuestra ansia más profunda. El ansia más profunda sólo puede satisfacerla Dios. En Dios, nuestra ansia se colmará y se calmará. Por eso es cierto lo que expresó una vez san Agustín con sabiduría clásica: «Inquieto es nuestro corazón. Sólo halla la calma en ti, mi Dios». San Agustín es el teólogo del ansia, para él, toda persona que aspira con pasión a algo tiene ansia de Dios. Por tanto, se trata de entrar en contacto con el ansia. Esto mantiene viva a la persona.

Pereza

Bernd Deininger

La persona que de por sí es perezosa muestra desinterés por la vida. Evita los conflictos y le falta impulso para hacer alguna cosa. La pereza como síntoma patológico se adscribe sustancialmente a la depresión.

En la época temprana del cristianismo, el concepto de pereza se entendía como una relajación del alma y, por tanto, era condenable, ya que san Pablo señala en la Primera Carta a los Tesalónicos 4, 9-12 que no hay que ser inactivos. En aquel entonces todavía no se hacía distinción entre pereza y ociosidad o el hecho de entregarse al ocio. En la tradición medieval, particularmente en Tomás de Aquino, la pereza se describe como una tristeza que inhibe todos los actos de la vida, como una relajación del espíritu, que prescinde de hacer el bien y abordar lo importante. La pereza en su vertiente negativa se relacionaba con conceptos como aversión, desgana, indiferencia y otros por el estilo.

En la Edad Moderna se ha producido una transformación del concepto. En este sentido, habría que mencionar en primer lugar descripciones modernas y contemporáneas de estados anímicos como el aburrimiento, el fastidio, el asco y la indiferencia. En estos estados anímicos se da en gran medida una disociación de la persona consigo misma y el mundo. La pereza tiene mucho que ver con lo que llamamos impulso interior y exterior. El impulso es un potencial de energía del que dispone el ser humano y que por lo general puede controlar con su voluntad. Representa para él una fuente de fuerza para llevar a cabo actos físicos y mentales.

No obstante, el impulso del que dispone un ser humano no es una magnitud física ni algo que se pueda detectar en un análisis de sangre, sino que debe considerarse ante todo un motor del comportamiento que está a disposición de una persona y que está sujeto a fuertes fluctuaciones.

Una persona sana que está triste por algún motivo real podrá sentirse incapaz de hacer nada, cansada y carente de fuerzas para emprender alguna cosa, de iniciativa y de compasión, debido a un suceso externo que la deprime y la agobia. En un estado patológico, la situación es mucho más dramática: el síndrome depresivo reduce claramente, en la mayoría de los casos, la fuerza de voluntad. En casos graves puede producirse una completa anulación del impulso interior, hasta el punto de que la persona es incapaz de moverse por sí misma y muestra negligencia por todo lo que le concierne y que, abandonada a sí misma, llegaría a morir de sed y hambre. Sin embargo, en muchas formas de depresión se observa, además del deterioro de las tres grandes funciones psíquicas –el afecto, el impulso y la reflexión–, una sintomatología física concomitante.

La mayoría de las personas pueden experimentar perfectamente cómo la tristeza por algún suceso externo menoscaba su cuerpo. La falta de energía provoca entonces lasitud y astenia. Podríamos decir que hasta cierto punto el cuerpo empatiza con el alma. Si el cuerpo está muy afectado por el duelo o si se ha desarrollado una depresión, también puede apagarse el instinto de supervivencia y transformarse en su contrario, la pulsión de muerte, como la denominó Freud.

El psicopatólogo Kurt Schneider describió en la década de 1930 la completa postración de los sentimientos vitales –éstas fueron sus palabras– como una forma grave de depresión. Hay muchas personas afectadas por un menoscabo vital-físico vivido que abarca toda la personalidad en forma de pereza y se manifiesta en forma de insomnio, falta de apetito, trastornos digestivos, dolores y malestar en todo el cuerpo. A veces, estos síntomas físicos se adelantan mucho a una depresión propiamente dicha con síntomas psíquicos y por eso a menudo no se detectan. Por esta razón se han calificado las depresiones que se manifiestan primero en el plano físico de «depresiones larvadas» o de «depresiones sin tristeza».

Otro tema importante que está asociado a la afección de la pereza es el de la melancolía. El concepto de melancolía tiene mucho que ver con la historia cultural de la humanidad y el tiempo no ha mermado su fascinación. Precisamente en la edad contemporánea vuelve a gozar de gran predicamento no sólo en el ámbito de la psiquiatría y del psicoanálisis, sino que también lo retoman y utilizan poetas, filólogos, historiadores del arte, sociólogos y filósofos. Quiero mencionar en este contexto a Aristóteles, a quien se atribuye la afirmación de que todas las personas extraordinarias en la política, la poesía y el arte son melancólicas.

Immanuel Kant dividió la melancolía en dos partes, distinguiendo entre una forma enfermiza, es decir, patológica, y un sentimiento melancólico positivo y productivo. El sentimiento del melancólico es para Kant un sentimiento de lo sublime. El melancólico respira libertad, rechaza toda forma de subordinación y considera repugnante todo lo externo. Kant lo ilustra con la imagen de una cadena, que puede ser dorada o estar formada por pesados eslabones de hierro, como las que llevan los presos. Friedrich Schiller, en cambio, no sabía qué hacer con el sentimiento kantiano de lo sublime, sino que pensaba que sólo un alma alegre y tranquila podía dar lugar a la plenitud. El estado de ánimo del poeta no debía depender de perturbaciones del impulso ni alteraciones depresivas, sino que sus pensamientos debían estar dominados por la claridad.

Sin embargo, hasta la edad contemporánea suele asociarse la imagen del artista y del intelectual con los rasgos del melancólico. En particular, se atribuyen rasgos de carácter melancólico a Albert Einstein y Richard Strauss. De diversas maneras se describe la relación entre melancolía y genialidad o arte mayor. En este sentido, el concepto de melancolía es una constante antropológica, que tiene por objeto una vertiente caracterológica importante del ser humano.

La variante moderna de la pereza sería el aburrimiento que atribula al individuo y le inspira fantasías sádicas y autodestructivas. A menudo se han descrito las estrechas relaciones existentes ente aburrimiento y melancolía.

La melancolía es un estado de ánimo entristecido, como estar deprimido. La tristeza que está presente en la melancolía es de naturaleza especial, que abarca a toda la persona e irradia hacia fuera. En el estado de ánimo del melancólico, ante el individuo se refleja su propio sí-mismo. No se trata de que el mundo exterior paralice y oprima o de que se viva como algo tan superpotente que la única actitud adecuada fuera la retirada y la pasividad. Al contrario, lo que sucede es más bien que el entorno y los coetáneos son inalcanzables e inabordables para el melancólico, ya que éste es incapaz de desarrollar los contactos sociales y se considera más bien una persona que padece que se comunica con dificultad.

Los seres humanos son capaces de compadecerse de otros cuando éstos han sufrido una desgracia. También tienen la posibilidad de «contagiar» el duelo propio a otras personas, o sea, inducir en ellas un sentimiento parecido al propio. En cambio, la tristeza, la apatía, el aburrimiento y el vacío interior de la melancolía no pueden transmitirse ni inducir nada. Dos melancólicos no son capaces de hablar del tema común de su tristeza.

El duelo, por tanto, se refiere a menudo a otro sujeto y por consiguiente también favorece la relación. Por el contrario, la melancolía se refiere siempre al sí-mismo del melancólico y conduce así a la individualización y, en última instancia, al pleno aislamiento. La persona melancólica está en el centro de un mundo triste y aburrido, al que los demás no pueden acceder. Esto significa que el mundo y las vivencias del melancólico son inaccesibles a otras personas, favorecen su aislamiento y de este modo lo condenan a la soledad y la falta de contacto.

Otro rasgo del melancólico es que sólo puede contemplar el futuro como una repetición continua del presente. Pero también el pasado subyace en el fondo experiencial de sus vivencias actuales. A menudo sucede que el melancólico busca en el pasado una confirmación de su estado de ánimo presente. Reprime las experiencias positivas, o no las percibe o las reinterpreta. Destaca especialmente las experiencias que justifican su estado de ánimo actual. Parece que el melancólico contempla el pasado del mismo modo que ve el futuro: en ambas perspectivas hay una percepción limitada que entiende las experiencias pretéritas ante todo como una confirmación de la situación actual. El pasado sólo se distingue del futuro por el hecho de que es irreversible. Por tanto, nos encontramos ante un conjunto cerrado que ya no puede corregirse. Por esta razón, el melancólico deduce de su relación con su propio pasado la certeza de haberse cargado de culpa, una culpa que le resulta especialmente lesiva porque parte del supuesto de que el futuro será igual que su pasado. En última instancia, el melancólico vivirá esto de manera que tenga poco sentido recomenzar de nuevo, ya que el pasado no se puede revivir ni corregir, y se somete a la idea de que el futuro será igual que el pasado.

En la clasificación psiquiátrica y psicoanalítica actual de las patologías, la melancolía aparece diferenciada de la depresión, pese a que por sus síntomas son muy afines. Lo descrito hasta ahora sobre la melancolía, particularmente con respecto a la astenia, el desánimo y la tristeza, es aplicable a ambas formas. En lo esencial quiero centrarme aquí, y en la posterior descripción de un caso concreto, en la depresión neurótica y explicarla también desde un punto de vista psicodinámico.

Karl Abraham fue el primero en elaborar una explicación psicoanalítica de la depresión. Sacó a la luz sus oscuros aspectos de pulsión psicológica: las ansias de cariño frustradas, los trastornos iniciales de la primera infancia, el odio reprimido a la madre, los impulsos crueles rechazados y los sentimientos de culpa. Describe por un lado el ansia irrefrenable por la madre y la experiencia del abandono y, por otro, el deseo de independencia y autonomía. Sigmund Freud añadió en su conocido estudio titulado *Duelo y melancolía*, de 1916/1917, la identificación narcisista con la persona de referencia perdida como mecanismo psíquico central de la depresión. Utiliza para ello la imagen de que la sombra de la persona de referencia se proyecta sobre el yo. Además, explica que los reproches a sí misma que manifiesta la persona depresivo-melancólica deben entenderse como reproches a una persona amada, que se transfieren de ésta al propio yo. La autoestima del depresivo está dañada porque se siente abandonado por su persona de referencia (la madre) y por eso reclama una especial necesidad de cariño.

En los países económicamente desarrollados ha aumentado claramente, en los últimos decenios, la frecuencia de los trastornos depresivos. En las estadísticas de los servicios de sanidad oficiales en materia de incapacidad laboral de la población occidental, la depresión ocupa un lugar importante y se la considera en cierto modo la enfermedad psíquica por excelencia. Los motivos de este aumento podrían radicar en el hecho de que las relaciones con las personas de referencia se individualizan cada vez más, de manera que durante la separación se observa una mayor vulnerabilidad, lo que después conduce a menudo a un aislamiento social. Los lazos familiares y comunitarios se han ido perdiendo y muchas personas sufren además una pronunciada inhibición de la agresividad cuando se trata de resolver conflictos y una ética del trabajo cada vez más estricta, lo que conduce a un alto grado de identificación con ideales culturales como el autocontrol, la autorrealización, el éxito y la adaptabilidad, que el yo real del individuo apenas es capaz de satisfacer, lo que provoca entonces problemas de autoestima y reacciones depresivas. El ser humano agotado (el sí-mismo agotado) encarna el fracaso, la insuficiencia, la frustración y el desvalimiento.

Las enfermedades depresivas tienen su origen en la fase oral. En especial el conflicto central, el de autonomía contra dependencia, desempeña en ello un papel importante. Esto significa que un niño en la fase oral, o sea, entre los 18 y los 30 meses de edad, desarrolla el deseo de autonomía, pero al mismo tiempo toma conciencia de su dependencia. Esta ambivalencia conflictiva ha de resolverla la persona de referencia primaria, casi siempre la madre, de manera que por un lado ofrezca al niño una relación fiable y caracterizada por el amor, y por otro apoye sus ansias de autonomía. Si este conflicto no se resuelve bien, a través de la fijación en esta fase oral puede desarrollarse una depresión.

Todos los institutos de investigación están bastante de acuerdo en que apenas existen personas depresivas que no arrastren conflictos agresivos, casi siempre reprimidos. Además de los conflictos agresivos reprimidos, la perturbación de la autoestima constituye un factor central de la enfermedad depresiva. La persona afectada espera demasiado de sí misma, de manera que las frustraciones son inevitables.

La investigación de los últimos años ha permitido comprender más profundamente las raíces de la depresión y sus posibles tratamientos. Los científicos coinciden en que todo cambio sostenido en las personas depresivas no sólo puede conseguirse mediante la comprensión cognitiva, sino que precisa intensas experiencias emocionales en el marco de una relación terapéutica. Esto significa, con respecto a la sintomatología, que la tristeza, el desánimo, la percepción de que nada tiene sentido, la astenia y el decaimiento sólo pueden cambiarse si en el marco de un encuentro terapéutico emocional se logra establecer un vínculo seguro, que permita sacar a la luz y comprender, en particular, los impulsos agresivos reprimidos.

Sin embargo, en épocas más recientes ha prosperado, por decirlo así, una forma distinta de pereza que le ha otorgado un sentido profundo. El célebre filósofo Bertrand Russell estudió a fondo este aspecto del ser humano y de la vida humana en su ensayo *Elogio de la ociosidad*. En él vino a decir que de acuerdo con la educación que había recibido, conocía perfectamente el dicho de que «la ociosidad es el comienzo de todos los vicios». Durante toda la vida le costó mucho desprenderse de este aspecto de su educación y desarrolló un sentido del deber tan fuerte que no sabía hacer otra cosa que trabajar constantemente. Un obstáculo fundamental en el camino del ocio parece ser esta idea interiorizada de la necesidad de trabajar sin interrupción. Hay muchos niños que oyen decir a menudo a sus padres que cuando sean mayores no tendrán ya tiempo para jugar. Así, se hacen a la idea de que el sentido de la vida no consiste en alcanzar la felicidad a base de jugar, holgar, leer y soñar, sino en primar la consecución de metas, la carrera y el éxito, en ganar dinero y prestigio social.

Si somos sinceros, después de un período de trabajo y esfuerzo aspiramos a un tiempo de ocio. Éste puede consistir en tumbarse en un viejo sofá, leer un libro, dejar que circulen los pensamientos, divagar sobre lo leído, pasar el día soñando hasta que alguien pregunta si hay que hacer café o cocinar algo. La gran dificultad de esto es que a muchas personas les falta imaginación para esta clase de ocio: consideran que se trata más bien de «pereza» y «*dolce far niente*».

No cabe duda de que el ocio y la pereza están relacionados y muestran a veces rasgos similares. Así, por ejemplo, puede suceder que la postura del cuerpo –tumbado en el sofá o en un sillón sin hacer nada– se asemeje. Sin embargo, las dos formas se diferencian por el estado de ánimo, que refleja actitudes mentales muy distintas. La pereza debería ubicarse cerca del aburrimiento y busca entretenimiento, es decir, trata de librarse de este estado. A menudo, la pereza es una falta forzada de movimientos y acontecimientos. La persona perezosa permanece sentada sola y percibe claramente que la vida podría ser interesante, pero el modo de lograrlo está fuera de su alcance.

La ociosidad, en cambio, es algo muy distinto, es –por así decirlo– el reverso enérgico de la apatía. La ociosidad es la actividad de no hacer nada y, en contraste con la pereza, no tiene nada que ver con el sentimiento de soledad y de insoportabilidad de la vida. ¿Qué nos impide, precisamente en nuestra sociedad del rendimiento, ser ociosos? Es la presión del rendimiento económico la que nos obliga a adquirir una segunda residencia, un yate, ropa de marca, una motocicleta y otros bienes de lujo. Todas estas conquistas generan en nuestro interior la sensación de que quieren ser utilizadas, pues han costado tanto dinero y esfuerzo que no las podemos dejar abandonadas en un rincón. Las sociedades consumistas suelen carecer de tiempo y por tanto no conocen el ocio. A la inversa, podemos observar que las sociedades más pobres son más ricas en tiempo. En nuestra civilización, el consumo costoso ha adquirido, junto con la producción, el carácter de deber social, lo que significa que la búsqueda del ocio no sólo no se estimula, sino que incluso se obstaculiza. Por esta razón, cada persona debe darse cuenta de que el ocio no se consigue si uno no toma la decisión de decir basta en algún momento dado. La ociosidad no viene por sí sola, sino que es fruto de una decisión, el resultado de una renuncia.

En los dos últimos decenios se ha desarrollado también en Alemania la creciente necesidad de tener tiempo para uno mismo y de practicar el ocio. La necesidad de conocerse mejor a sí mismo, de espiritualidad, de librarse de la cotidianeidad constrictiva de la vida monótona y de percibir otra calidad es innegable. La ociosidad significa, por lo visto, tener tiempo y por tanto controlar el tiempo propio. El ocioso se ha liberado del tiempo, y por tanto éste no le puede presionar con su continuo devenir. En esta intemporalidad puede generarse el sentimiento de tranquilidad y felicidad. El ocioso no pretende cambiar o mejorar el mundo, sólo quiere existir y sentir su interior; deja al mundo en paz, lo deja estar.

El ocioso descansa, contempla, se sienta o se tumba, apenas camina o se mueve y a pesar de todo está activo de una manera difícil de describir. Esta actividad no se percibe desde el exterior, por lo que sólo puede ser de naturaleza mental. Lo que hace es pensar, que también es una manera de «mirar». En este sentido, la ociosidad se asocia con conceptos como la contemplación o la observación, que pueden entenderse como una mirada o una visión interior. Sin embargo, esta mirada interior tiene que ser un proceso mental, pues sin una estructura conceptual este acontecer no sería tangible ni comprensible. El pensamiento contemplativo y el discernimiento se asocian a menudo con el sentimiento. La contemplación ociosa es capaz de rememorar situaciones que fueron agradables y que vuelven a proporcionar al ocioso un sentimiento de felicidad. Puede tratarse, por ejemplo, del recuerdo de un viaje o de una bonita fiesta o de una noche de amor melancólico-erótica. El pensamiento ocioso es como el vuelo de la mariposa que va de flor en flor de situaciones placenteras y no tanto una reflexión sistemática sobre alguna cosa.

«Suéltate», dice el gran místico Eckhart a sus alumnos y con ello da por supuesto que uno se puede dejar ir y soltar amarras tranquilamente. La ociosidad es la actitud de quien suelta, se suelta y se abandona, que puede dejarse llevar por sus pensamientos y sentimientos. Claro que esto presupone la convicción de que la propia existencia es sólida, es decir, de que se tiene la percepción de que uno no caerá en el vacío si se abandona y se dedica a no hacer nada.

El ocioso hace las cosas por las cosas mismas. Así que come porque tiene hambre y le gusta comer, no para alimentarse. Lee un libro para saber qué dice la novela y satisfacer su afán por la lectura, pero no para prepararse para una entrevista o un debate. Por tanto, básicamente tenderá a no hacer las cosas que hace con una finalidad determinada, sino por disfrutar de la vida. Aristóteles formuló una frase famosa: «El hombre vive para el ocio, no para el trabajo. A lo sumo, el trabajo sólo sirve para permitir materialmente el ocio». En nuestra sociedad moderna se observa que la identificación con el trabajo disminuye un poco en todos los ámbitos y son otros objetivos vitales los que pugnan por la primacía.

Propósitos como tejer contactos sociales, gozar de la vida y dedicarse más tiempo a uno mismo vienen a sustituir valores hasta ahora dominantes como el trabajo, el rendimiento o la posesión. El trabajo que se considera razonable, que respeta a uno como persona y también puede realizarse en grupos intactos, además de ser placentero, sigue considerándose importante. Sin embargo, estos dos aspectos no se contradicen. Si antes la autorrealización por medio del rendimiento y el consumo estaba garantizada como una forma importante, ahora se tiende cada vez más a valorar otras formas de vida, en particular las que refuerzan la ociosidad.

En los últimos meses he aprovechado la oportunidad y he preguntado a pacientes tratados en nuestra clínica psicosomática de día de diversas afecciones psíquicas qué relacionan con el concepto de ocio. He procurado que hubiera un equilibrio de género y personas de distintas edades. La paciente más joven era una estudiante de filología germánica de 22 años, el más viejo un ingeniero autónomo de 66 años. En total interrogué a 40 sujetos. A modo de resumen puedo exponer lo siguiente:

Lo sorprendente fue que cada persona interrogada pudo imaginar algo muy concreto al pensar en la palabra «ocio». En todos los casos, la asociaba a algo positivo y que daba sentido a la vida. Un ámbito en el que la gente puede gozar, y una posibilidad de vivir al menos por un tiempo limitado en consonancia con uno mismo y conocerse mejor. Pese a que algunos interlocutores apenas tenían alguna experiencia con el ocio o lo idealizaban, al menos fueron capaces de imaginar cómo podría ser. Para la mayoría de las personas interrogadas, la despreocupación era una condición necesaria para experimentar el ocio.

La descripción de las distintas experiencias de ocio fue minuciosa. Esta diversidad y las posibilidades asociadas al concepto de ocio me sorprendieron mucho. Se habló de vivencias espirituales en el fuero interno, de observaciones de la naturaleza, de descanso, pero también del dulce no hacer nada, que permite la distensión. Estas experiencias descritas tuvieron lugar tanto en un ambiente sosegado en soledad como en compañía de otras personas. Para la mayoría, lo importante era que durante el ocio uno puede concentrarse en sí mismo, dar pista libre a sus pensamientos, reflexionar sobre el sentido de la existencia y hacer cosas que aparentemente tenían poco sentido (por ejemplo, poner orden en el sótano de casa o limpiar la motocicleta). La ociosidad se percibe como un estado de plena despreocupación, como una sensación de dejarse llevar por la corriente de aire sin ningún destino concreto. Un aspecto importante es que en este estado el tiempo no cuenta.

Ahora bien, algunos pacientes informaron de que tenían sentimientos de culpa o la impresión de ser egoístas y malgastar el tiempo. Además, manifestaron temores ante un tiempo vacío, que suscitaban el miedo a caer en la melancolía o la depresión. Hubo quien concibió el ocio como un premio: realizado el trabajo y cumplido el deber, uno se puede entregar a la ociosidad; uno se la ha merecido y no tiene por qué sentirse culpable. ¿Qué podemos deducir de todo esto con respecto a la teoría psicoanalítica?

Lo que más llamó la atención fue el hecho de que podemos hablar de una buena gestión del ocio en aquellos casos en los que las personas interrogadas presentaban una estructura del yo relativamente estable. Esto significa que la persona en cuestión dispone de un yo relativamente flexible, capaz de establecer una relación realista entre el mundo exterior y sus pulsiones interiores. Además, es importante poseer un superyó no demasiado rígido, que movilizaría sentimientos de culpa por el rechazo de obligaciones y tareas.

Para poder vivir como es debido el ocio, es preciso adoptar una posición regresiva. El psicoanalista Heinz Hartmann habla al respecto de una «adaptación regresiva». Esta adaptación regresiva da pie a una «regresión al servicio del yo»: en estado de completa apatía pueden desarrollarse experiencias y conocimientos creativos. No son pocos los artistas que cuentan que consiguieron poner en marcha procesos creativos desde un acto de ociosidad.

Por tanto, para resumir podemos decir que el ocio puede ser un importante componente positivo y vitalizador de la existencia humana. En el diálogo con las personas que tienen dificultad para abandonarse a la ociosidad, es decir, para dar cancha a la regresión al servicio del yo, es importante, por consiguiente, escuchar y animarlos a que se tomen en serio las experiencias personales que tienen en estado de despreocupación y las amplíen al máximo posible. El factor decisivo será si se ofrece a las personas que, por ejemplo, sufren temores o depresiones, la posibilidad de dar cancha a sus pulsiones internas, a las presiones de la conciencia o al miedo a perder el control y se las anima a percibir que la despreocupación interior y con ella la ociosidad pueden tener un efecto curativo.

Para ilustrar ahora una vez más el aspecto negativo de la pereza y diferenciarlo de la forma positiva que se halla en la ociosidad, expondré un ejemplo concreto, aunque en este caso no se trata de la biografía de un o una paciente, sino de un mito, o mejor dicho, de un cuento.

Existen muchos cuentos cuyo protagonista es un hombre y que simbolizan el tema de la pereza y la apatía. No obstante, me inclino más por un cuento que permite comprender la psique femenina y en el que es una mujer quien es el principal sujeto de la acción y de las vivencias. Una de las razones es que, en la historia cultural de la humanidad, las mujeres representan por excelencia la aplicación y la laboriosidad, como podemos observar incluso en la Edad Moderna sobre todo en las culturas asiáticas y africanas.

Para ilustrarlo y analizarlo psicológicamente, elijo el cuento *Frau Holle* (Madre Nieve): una viuda tiene una hija adoptiva y una hija biológica. La hijastra es hermosa y diligente, la hija biológica es fea y perezosa. Sin embargo, la viuda sólo quiere a su propia hija, mientras que a la hijastra la maltrata y le hace realizar todos los trabajos desagradables y que nadie quiere hacer. Además, le impone la tarea de sentarse todos los días junto a un pozo cerca de la calle e hilar hasta que le sangran los dedos. Un día, al lavar el huso ensangrentado, éste se le cae en el pozo. La madrastra obliga a la muchacha a bajar al pozo para recuperar el huso, y ésta no tiene más remedio que descender, aterida de miedo. Entonces pierde el conocimiento y se despierta en un hermoso prado soleado. Se levanta y se acerca a un horno, en cuyo interior grita el pan: «Ay, sácame, ¡que me quemo!». La chica lo hace y después se topa con un manzano lleno de frutos, que le dice: «¡Sacúdeme, sacúdeme, mis manzanas están todas maduras!». Así lo hace la muchacha y sigue caminando, hasta llegar a una pequeña casa en la que vive una mujer que al principio le infunde miedo y de la que quiere alejarse corriendo. Sin embargo, la anciana la llama y le ofrece quedarse a vivir con ella. Le promete que la recompensará si lleva a cabo debidamente todas las tareas de la casa. Lo más importante es que le haga la cama de manera que vuelen las plumas del edredón, pues entonces nieva sobre la Tierra. La anciana es Madre Nieve. La muchacha acepta y cumple su misión de forma plenamente satisfactoria. Vive bien, nadie la riñe y se entiende perfectamente con la anciana. Sin embargo, un día decide irse, y entonces la Madre Nieve la conduce hasta un gran portal. Cuando la chica se acerca, desciende sobre ella una lluvia de oro. Madre Nieve le entrega su huso, el portal se cierra y la chica vuelve a estar ante la casa de la madrastra. Un gallo que está sentado sobre el pozo exclama: «¡Quiquiriquí, nuestra doncella de oro vuelve a estar aquí!».

Cuando la muchacha vuelve a casa cubierta de oro, la madrastra y la hermanastra la reciben con los brazos abiertos. La madre pretende entonces proporcionar a su hija perezosa la misma riqueza, así que ésta se sienta junto al pozo, deja caer el huso en su interior y acto seguido se mete ella también. Como ya le sucedió a su hermanastra, se topó con el horno de pan, pero cuando éste la llama, contesta que no tiene ganas de ensuciarse y sigue su camino. Al manzano también le contesta que no tiene ganas de sacudirlo. Ante la Madre Nieve no se muestra temerosa, y el primer día todavía piensa en el oro, pero después ya no hace otra cosa que estar tumbada sin pegar golpe y ya no tiene ganas de trabajar ni de levantarse. Sacude el edredón de plumas de la Madre Nieve a regañadientes, hasta que un día le dice que ya no tiene sentido permanecer allí. La perezosa tiene prisa por acudir al portal, pues espera recibir la lluvia de oro. Sin embargo, junto al portal se vierte un caldero lleno de brea sobre ella, y cuando se acerca a la puerta de casa, el gallo exclama: «¡Quiquiriquí, nuestra doncella de brea vuelve a estar aquí!», pues la brea no se le va del cuerpo.

En este cuento, las dos muchachas representan actitudes opuestas. Visto superficialmente, se trata de dos contrastes aparentes que tienen gran importancia, pero si contemplamos a las dos muchachas descritas como una sola persona, entonces los contrastes constituyen dos caras de la misma personalidad en el sentido de una ambivalencia: la cara laboriosa con el deseo de reconocimiento y la cara de la apatía, la comodidad y la dependencia con fuertes deseos de recibir cuidados.

Ambas muchachas, María de Oro y María de Brea, han de afrontar dos aspectos del trato materno. Por un lado, el de la madre terrenal, que prefiere injusta y unilateralmente a su hija, pero que al privilegiarla y mimarla excesivamente la empuja a la pereza y la dependencia y de este modo le impide acceder a la parte justa de la madre, representada por la Madre Nieve. Por tanto, María de Brea se ve excluida de la parte adulta de la madre, que deja que su hija madure y crezca y le proporciona autonomía e independencia. María de Brea sólo conoce la emocionalidad injusta de su madre y así no puede acceder a su profunda feminidad y sus propias pulsiones ocultas. Está entregada a la madre como una niña pequeña impotente que sólo reacciona pasivamente al mundo exterior y ha de vivir decepciones y humillaciones sin ser consciente de sus propias pulsiones y deseos.

En cambio, María de Oro, que está expuesta a los maltratos de su madrastra y se ve confrontada duraderamente con su imperfección como personalidad femenina, adquiere conciencia más fácilmente de su feminidad, porque al descender al mundo de la Madre Nieve puede cambiar su actitud pasiva, consistente en cumplir los deseos de su madrastra para ganarse de alguna manera su cariño, por un comportamiento activo.

Gracias a su propia iniciativa, que pone de manifiesto en su camino desde el pozo hasta la casa de la Madre Nieve, consigue encontrarse a sí misma y desarrollar de este modo el sentimiento de que depende de ella misma alcanzar o no la felicidad. A través del acoso que sufre por parte de la madrastra descubre su propio yo gracias al salto al interior del pozo.

El pozo cerca de la calle, junto al que se dedica a hilar –un trabajo típicamente femenino en aquella época–, simboliza el acceso al subconsciente y la conduce a la madurez. El pozo es simbólicamente un conducto a través del cual los niños salen a la luz del mundo, mientras que el agua representa la vida anímica procedente del subconsciente.

La situación descrita en el cuento de Madre Nieve muestra simbólicamente un acto de nacimiento en el sentido de un proceso de maduración. María de Oro, que se libera del dominio de la madre destructiva, se convierte finalmente en un ser independiente. El pan del horno representa su individualidad: al sacarlo del horno, desarrolla autonomía y se encuentra a sí misma. También podemos decir que el pan es un logro cultural que se manifiesta en forma de atención, paciencia, esfuerzo, dedicación y humildad. Gracias al contacto con el pan se asegura el llamado pan nuestro de cada día, es decir, la vida. María de Oro no se ha entregado a los mimos y por tanto a la fijación en una etapa oral depresiva, sino que con su actividad ha desarrollado una conciencia independiente. Gracias a ello puede librarse de la dependencia en la que se hallaba con respecto a su madrastra. Por otro lado, queda claro que María de Brea, con toda la altivez y el egocentrismo que le ha transmitido la madre, no ve satisfechas sus aspiraciones de riqueza. Desea obtener la misma ganancia –es decir, la madurez– que su hermana sin soltarse de la madre. El hecho de aferrarse a los cuidados de la madre y su incapacidad para desarrollar una identidad propia no le aportan más que mala suerte. La brea simboliza en el cuento una actitud interior funesta ante la vida y guarda relación con el rechazo inconsciente a desarrollarse como persona autónoma. En el cuento, por tanto, la pereza, la apatía y la comodidad indican que se rechaza el conflicto con la madre cuidadora, conflicto que es necesario para poder llegar a ser adulta. En este punto se ve que las relaciones ambivalentes no resueltas entre madre e hija pueden hacer que la hija se estanque en una postura depresiva.

En resumen, podemos decir lo siguiente: el pecado de la pereza se descompone en múltiples aspectos. Existe la pereza que desemboca en depresión y melancolía y que debe entenderse como una fijación en una etapa temprana del desarrollo humano, en la que, por miedo a la pérdida del cariño por parte de la primera relación de referencia –casi siempre la madre–, no se satisfacen las aspiraciones a la autonomía y los deseos de independencia.

El conflicto que supone no sólo formular los deseos propios, sino también manifestarlos para dejar atrás los deseos de cuidados y mimos y arriesgar tal vez, a cambio, la pérdida de cariño, es un paso importante para abandonar la pereza, la falta de ímpetu y de iniciativa propia. El cuento de Madre Nieve lo ilustra perfectamente.

Por otro lado, en los tiempos que corren adquiere gran importancia el ocio, que superficialmente podría equipararse a la pereza. El no hacer nada sin finalidad alguna sirve para regenerar nuestras energías psíquicas y nos permite indagar en nuestros propios deseos y en el posible desarrollo de nuestro yo consciente. Encontrarse a sí mismo supone exponerse sin finalidad alguna a sus pensamientos y sentimientos, asumir conflictos e independizarse de las opiniones del mundo exterior.

El Bosco presenta la pereza, en su cuadro citado, en la figura de un monje que se duerme y no acude a la oración. En otros cuadros, la pereza está representada por una hilandera dormida. A menudo acompaña a la pereza un burro como símbolo animal. Durero encarnó la pereza en un estudiante sentado, dormido, delante de una estufa, con el demonio insuflándole sueños pecaminosos. La pereza, según expresan los artistas, es una aversión desagradecida a la vida. El perezoso no tiene ganas de nada, se defiende de la vida y carece de energía. Toda la energía del ser humano está contenida, por decirlo así, en el subconsciente. La junguiana Anne Maguire describe al perezoso diciendo que «lo envuelve una melancolía enfermiza como un manto. Este estado de ánimo separa al ser humano de Dios o, como dirían los junguianos, el ser humano deja de estar en contacto con su mundo instintivo y con su sí-mismo» (Maguire, 161).

El libro de los Proverbios del Antiguo Testamento describe en el capítulo 26 al hombre perezoso. Se refiere al individuo que se defiende de la vida, que carece de iniciativa para tomar las riendas de su propia vida: «¡Hay una fiera en el camino –dice el perezoso–, un león en medio de la plaza! La puerta da vueltas en su quicio, y el perezoso en la cama. Mete su mano en el plato el perezoso, pero llevarla a la boca le fatiga. Más sabio se cree el perezoso que siete que responden con acierto» (Prov 26, 13-16). Por consiguiente, el perezoso tiene muchas razones para no levantarse de la cama, para no hacer nada, ya que fuera podría acechar un peligro. Es tan perezoso que incluso comer le cuesta demasiado. Y se considera más sabio que todos los demás y de este modo escamotea su estado de ánimo interior catastrófico: no vale la pena emprender nada, discutir con otra gente, pues todas las demás personas son tontas.

La palabra *akedia* (griego) o *acedia* (latín) no se traduce simplemente por «pereza». Esto sería demasiado unilateral. Para los padres del desierto, Akedia era un peligroso demonio y arranca al monje de su entorno y le roba su identidad. El demonio Akedia también se llama «demonio de mediodía», porque invade al monje sobre todo a mediodía y le quita las ganas de emprender nada, haciendo que se sienta cansado, apático y desganado. Evagrio Póntico describe con humor la *akedia* con estas palabras: un monje está sentado en su celda y lee la Biblia. Le entra el sueño, deja la Biblia en el suelo y la utiliza de almohada. Querría dormir un poco, pero no lo consigue. Se levanta, mira por la ventana para ver si se acerca algún otro monje para visitarle. Entonces maldice a los monjes que no tienen corazón y le dejan tan solo. Acto seguido vuelve a su celda para enojarse porque está húmeda. Ahora le escuece el hábito. Le gustaría salirse de su pellejo.

Esto ilustra claramente que la *akedia* es la incapacidad de estar en el aquí y ahora. Uno quiere estar siempre en un lugar distinto del que ocupa en un momento dado y en ninguna parte se siente a gusto. La culpa la tienen los demás o las circunstancias. Uno no tiene ganas de trabajar, cuesta demasiado esfuerzo. Tampoco le apetece rezar, es demasiado aburrido. Pero ni siquiera tiene ganas de no hacer nada, no sabe disfrutarlo.

Evagrio aconseja lo siguiente para escapar de la tentación de la *akedia*: «En el tiempo de las tentaciones es necesario no abandonar la celda, por más valederos que sean los pretextos que se nos ocurran. Por el contrario, hay que permanecer sentado en el interior de la celda, ser perseverante y recibir con coraje a los asaltantes, a todos, pero sobre todo al demonio de la acedia, que como es el más pesado de todos, prueba el alma en grado sumo. Porque huir de tales luchas y evitarlas torna inhábil, cobarde y traidor al espíritu» *(Tratado práctico,* 28). El consejo más importante, por tanto, es permanecer en la celda y soportarse a sí mismo con el desgarro interior. No hay problema con la tentación, lo único es que no hay que huir de ella. La *akedia* es, por tanto, la huida de la propia verdad.

Evagrio formula otro consejo más. Cita a un maestro del ascetismo, que dijo que «es necesario que el monje esté siempre preparado, como si debiera morir mañana y, al mismo tiempo, use su cuerpo como si tuviera que vivir con él largos años. Esto —agregaba nuestro maestro— aleja los pensamientos de la acedia y hace más diligente al monje; asimismo, mantiene a salvo el cuerpo y conserva intacta la continencia» *(Tratado práctico,* 29). La idea de la muerte lleva al monje a vivir plenamente el presente, y de este modo supera la *akedia.* La idea de que todavía vivirá mucho tiempo le llevará a ocuparse de sí mismo y tratarse bien.

Evagrio recomienda además un tercer método para superar la *akedia:* «Cuando nos enfrentamos con el demonio de la acedia, dividamos, entre lágrimas, el alma en dos partes, una que consuela y otra que es consolada. Y, sembrando en nosotros buenos deseos, pronunciemos con el santo David estas palabras: "¿Por qué estás triste, alma mía, por qué te me turbas? Espera en Dios que volverás a alabarlo, salud de mi rostro y Dios mío"» *(Tratado práctico,* 27).

Es el llamado método antirrético el que recomienda Evagrio en este pasaje: las actitudes negativas también se manifiestan en nosotros en palabras negativas. Y a estas palabras negativas debemos oponer entonces una palabra de la Biblia. Esta palabra bíblica no debe eliminar simplemente la palabra negativa, sino —como dice Evagrio— sembrar la semilla de la esperanza en nuestro estado de ánimo desesperado. Es interesante el consejo de dividir el alma en dos partes, una de las cuales está dominada por la *akedia.* Esta parte puede expresarse así: «¿Por qué estás triste, alma mía, por qué te me turbas?». Por tanto, no se trata de acallar la parte enferma del alma, sino de permitir que se manifieste. En esta parte enferma del alma se siembra entonces una palabra de esperanza como si fuera una semilla, para que brote el fruto y la parte enferma del alma se transforme con el tiempo y se cure.

Tradicionalmente, *akedia* se traduce a menudo por «pereza». La palabra «pereza» viene del latín *pigritia,* que significa «desidia, negligencia y lentitud en actuar», pero también podría traducirse por «repugnancia, oposición o rechazo a colaborar». Hay personas que son perezosas, no se apasionan por nada, no se animan a hacer ninguna cosa. Carecen de motivación interna para abordar cualquier tarea. Incluso en el trabajo son lentas y negligentes. En muchos casos, esta lentitud tiene que ver con una oposición interna: hay un rechazo al trabajo. Estas personas sienten el trabajo como una exigencia excesiva, y lo que más les gustaría es tumbarse y no hacer nada. Sin embargo, son incapaces de disfrutar de este «no hacer nada», que se asocia más bien a un sentimiento de tristeza y parálisis. Se sienten débiles y míseras y no tienen ganas de nada.

Evagrio cree que el motivo de esta actitud radica a menudo en la presencia de expectativas infantiles ante la vida: dado que la vida no satisface mis deseos, puesto que no me ha hecho príncipe o princesa, me niego a vivir la vida que me ha sido asignada. Prefiero permanecer colgado de mis ilusiones que aceptar la realidad y vivir el aquí y ahora. Los artistas han representado la pereza en este sentido: en la figura del monje dormido que se aburre durante la oración, que no se deja conmover por Dios; la hilandera durmiente que rechaza el trabajo; el estudiante somnoliento invadido por sueños obscenos, que vive en el sueño una vida pecaminosa que no tiene consecuencias. El perezoso cree que con su pereza puede escapar de la realidad e idear algo que cumpla sus deseos infantiles, sin que tenga que acarrear las consecuencias de ello.

Benito de Nursia describe la *akedia* como una murmuración. Y advierte una y otra vez a los monjes de este vicio: «Ante todo, que el mal de la murmuración no se manifieste por ningún motivo en ninguna palabra o gesto. Si alguno es sorprendido en esto, sométaselo a una sanción muy severa» (RB 34, 6-7). Al murmurar, el monje se cierra frente a Dios. Se rebela contra Dios, pero muestra su rechazo a todo lo que le da la vida. No vive más que en sus ilusiones y murmura sobre todo aquello que las perturba. No está dispuesto a vivir la vida con sus contratiempos. La pereza en forma de murmuración implica por tanto una profunda aversión a la vida.

La cuestión es cómo transformar y curar esta pereza. Evagrio describió vías para superar la *akedia,* pero no dejó nada escrito sobre la pereza, tal como solemos entenderla hoy.

Así que sólo puedo intentar hablar desde mi propia experiencia. De entrada, siento dolor cuando acompaño a una persona que no tiene ganas de nada, que simplemente es demasiado apática. Cuando le pregunto qué le haría ilusión, me contesta: no hay nada que me guste hacer ni nada que me haga ilusión. Muchas veces ni siquiera puedo imaginarlo, pero después intento comprender a esa persona. Una mujer me contó que su padre fue asesinado en 1945 por soldados rusos porque había sido ayudante de cámara de Goebbels. Ella tenía entonces 4 años. La madre tuvo que buscarse un trabajo. A menudo esperaba, junto con su hermanito de 2 años, al pie de una farola hasta que la madre volvía a casa, porque en aquel entonces ella todavía no era capaz de encender la luz de la vivienda. Aquella experiencia hizo que rechazara todos los sentimientos. Tuvo que evadirse de todo, porque habría sido demasiado doloroso soportar la sensación de miedo y abandono. Esto hizo que, a sus 50 años, aunque funcionaba y estaba adaptada, no sentía nada. Es decir, en última instancia era un dolor excesivo el que le impedía vivir la vida de verdad. Este dolor reprimido no le permitía ilusionarse por nada. En este caso, es importante volver a percibir primero aquel dolor, sentir el miedo y el abandono. Si se aceptan estos sentimientos dolorosos, crece también la capacidad de aceptar los buenos sentimientos, por ejemplo, el de gratitud, de admiración o de emoción. Entonces, poco a poco se vuelve a tener ganas de hacer las cosas que sientan bien. Sin embargo, a menudo estas personas tienen que recorrer para ello un largo camino. Y en ningún caso debo formular juicios moralizantes y decir: esta mujer es perezosa, no quiere trabajar. La falta de ganas de trabajar tiene siempre una causa, y lo primero que hay que hacer es buscar esa causa para poder curar el síntoma.

El rechazo también encierra energía. Así que es bueno hablar de la energía que dedica cada individuo a defenderse de la vida. Entonces puedo preguntarle qué pasaría si transformara esa energía en una fuerza positiva y qué podría emprender entonces. Es posible que le vuelvan las ganas de tomar alguna iniciativa.

Existe además otra vía para deshacerse de la pereza. Esta última es a menudo una resistencia frente al hecho de trabajar continuamente, de estar siempre haciendo cosas que esperan de uno o que uno mismo espera de sí. Es bueno dedicarse de vez en cuando, conscientemente, una pausa para percibir el propio cansancio y disfrutar de él. Entonces me acuesto en la cama durante veinte minutos y me digo: ahora no voy a hacer nada. Si me permito esta libertad, después vuelvo a tener ganas de hacer cosas. Claro que el permiso para descansar y no hacer nada necesita un límite, que me fijo yo mismo. Este permiso consciente para no hacer nada se parece a lo que ha dicho Bernd Deininger sobre el ocio, que no sólo era importante en la filosofía griega, sino también en la vida monacal. San Benito quiere «instituir una escuela del servicio divino» (RB, prólogo, 45). La palabra latina *scola* proviene del griego *schole,* que en realidad significa «ocio». Esta palabra contiene la expresión *echein,* «detenerse». Así, la escuela de los monjes es un lugar en que éstos se detienen para hallar lo que tienen dentro. Éste es el sentido del ocio verdadero, detenerse, hacer un alto en el quehacer cotidiano, para descubrir en el interior de uno mismo las actitudes que nos proporcionan sostén en la vida.

Conclusión

En este libro hemos examinado los siete pecados capitales desde dos lados distintos: desde el lado psicoanalítico y desde el lado espiritual. Hemos visto que el punto de vista espiritual y el psicoanalítico se complementan. Las descripciones de los pecados capitales –o mejor dicho, los peligros fundamentales para el ser humano– se fecundan mutuamente. También se asemejan las vías por las que podemos eludir los peligros de nuestra vida humana y tratar y transformar, curar y conducir hacia el lado positivo los rasgos enfermizos que encierran los pecados capitales.

Esto era lo que importaba a la hora de escribir: que se trata de peligros que hoy son muy actuales y que afectan a toda persona y al conjunto de la sociedad. En este sentido, el libro pretende ser un espejo en el que puede reconocerse el propio lector. Al mismo tiempo, hemos tratado de no contraponer entre sí las vías psicológicas y espirituales, sino de ofrecerlas en pie de igualdad. Hay personas que necesitan sin falta una terapia para abordar debidamente los peligros que las acechan y liberarse de las fuerzas destructivas que encierran. A algunas no les basta con afrontar dichos peligros tan sólo por la vía espiritual. A veces, la vía puramente espiritual también puede ser una manera de eludir la verdad interior: el sujeto en cuestión no quiere afrontar su propia verdad. Sin embargo, hoy también existe le actitud inversa, que dice que uno solo no puede hacer nada. Estoy impedido por las lesiones de mi pasado, que sólo puede curar un médico o un terapeuta. En cambio, la vía espiritual enseña que toda persona encierra partes sanas, que no está atada de pies y manos frente a los peligros y que puede contribuir de alguna manera a que fructifique el proceso curativo. La espiritualidad nos muestra vías y rituales concretos que permiten que en nuestro interior brote un proceso de transformación. Y la espiritualidad nos remite a Dios: no es necesario que todo lo hagamos solos. Dios actúa en nosotros. Su espíritu nos impregna y nos fortalece. El perdón de Dios nos libera del mecanismo de culpabilizarnos constantemente cuando percibimos en nuestro interior pensamientos y emociones negativas. La gracia divina nos hace entrar en contacto con las fuerzas sanadoras de nuestra alma. La bendición divina acompaña nuestro proceso curativo y nos regala esperanza en la curación y la salud.

Esperamos que el lector y la lectora se vean reflejadas en nuestras explicaciones, que descubran los peligros en su interior, peligros que una larga tradición espiritual ha reconocido como las amenazas fundamentales que acechan al ser humano. Y esperamos que perciban las explicaciones psicoanalíticas y espirituales como puntos de referencia para emprender su propio camino. Precisamente los ejemplos concretos de la práctica terapéutica y pastoral pretenden ilustrar que los peligros nos acechan a todos y que toda persona ha de afrontarlos. Al mismo tiempo, queremos transmitir la esperanza de que vale la pena confrontarse con uno mismo y con la propia verdad. Quien tenga el valor de afrontar la propia verdad experimentará la verdadera libertad. Experimentará lo que dijo Jesucristo a los apóstoles: «La verdad os hará libres» (Jn 8, 32).

Anselm Grün
Bernd Deininger

Bibliografía

ABRAHAM, K.: *Gesammelte Schriften,* vol. 2. Fráncfort, 1982.

ASSAGIOLI, R.: *Psychosynthese und transpersonale Entwicklung.* Paderborn 1992. [Trad. cast.: *Psicosíntesis: ser transpersonal; el nacimiento de nuestro ser real.* Gaia Ediciones, Madrid, 2004].

BAMBERGER, J. E.: *Véase más abajo* en Evagrio Póntico, *Tratado práctico.*

BARZ, H.: Psychopathologie und ihre psychologischen Grundlagen. Berna, 1976.

BLOCH, E.: *Spuren.* Fráncfort, 1959. [Trad. cast.: *Huellas.* Tecnos, Madrid, 2005].

DEININGER, B.: *Wie die Kirche ihre Macht missbraucht.* Fráncfort, 2014.

DEUTSCH, H.: *Das Selbst und die Welt der Objekte.* Fráncfort, 1973.

Die sieben Todsünden: 1700 Jahre Kulturgeschichte zwischen Tugend und Laster. Catálogo de la exposición especial de la Fundación del Monasterio de Dalheim, Múnich, 2015.

EVAGRIO, P.: *Tratado práctico.* http://orthodoxmadrid.com/wp-content/uploads/2011/03/46123292-EVAGRIO-PONTICO-TRATADO-PRACTICO.pdf

FONAGY, P.: «Persönlichkeitsstörungen und Gewalt. Ein psychoanalytischbindungstheoretischer Ansatz». En O. F., Kernwerk (ed.) *Narzissmus. Grundlagen – Störungsbilder – Therapie.* Stuttgart, 2005.

155

FREUD, S.: «Zur Einführung des Narzissmus». En *Gesammelte Werke* 10, 1914. [Trad. cast.: *Introducción al carcisismo y otros ensayos*. Alianza Editorial, Madrid 2005].

—: *Gesammelte Werke*. Fráncfort, 1977 [Trad. cast.: *Obras completas*. Biblioteca Nueva, Madrid 2017].

FROMM, E.: *Gesammelte Ausgabe,* vol. 2. Stuttgart, 1980.

—: *Gesammelte Ausgabe,* vol. 8. Stuttgart, 1980.

GEHLEN, A.: *Das gestörte Zeitbewusstsein,* Merkur IV, p. 313, 1963.

GLATZEL, J.: *Melancholie und Wahnsinn*. Darmstadt, 1990.

GRÜN, A.: *Gier. Auswege aus dem Streben nach immer mehr*. Münsterschwarzach, 2015. [Trad. cast.: *La codicia. Del afán de tener más a la verdadera libertad*. Loyola Grupo de Comunicación, Bilbao, 2017].

—: *Wege der Verwandlung, Emotionen als Kraftquelle entdecken und seelische Verletzungen heilen*. Friburgo, 2016. [Trad. cast.: *Transformación*. Editorial Verbo Divino, Estella, 2002].

HARTMANN, H.: *Ich-Psychologie und Anpassungsproblem*. Stuttgart, 1975.

JUNG, C. G.: *Gesammelte Werke*. Zúrich/Stuttgart, 1997. [Trad. cast.: *Obra Completa*. Editorial Trotta, Madrid, 1999-2016].

KERNWERK, O. F.: *Sexuelle Erregung und Wut, Bausteine der Triebe*. Forum der Psychoanalyse 13, 1997.

KUTTER, P.: *Liebe –Hass –Neid –Eifersucht, Eine Psychoanalyse der Leidenschaften*. Gotinga/Zúrich, 1994.

LAHAM, S. M.: *Der Sinn der Sünde, Die Sieben Todsünden und warum sie gut für uns sind*. Darmstadt, 2013.

MAGUIRE, A.: *Die dunklen Begleiter der Seele. Die sieben Todsünden psychologisch betrachtet*. Olten/Zúrich, 1996.

MARTENS, E.: Stechfliege Sokrates, Warum gute Philosophie weh-tun muss, München 2015.

MERTENS, W.: *Waldvogel, B., Handbuch psychoanalytischer Grundbegriffe*. Stuttgart, 2008.

RUSSELL, B.: *Lob des Müßiggangs, Philosophische und Politische Aufsätze, Hrsg. Steinforth, U.* Stuttgart, 1977. [Trad. cast.: *Elogio de la ociosidad*, Edhasa, Barcelona, 2004].

SACHSSE, U. (1995): «Die Psychodynamik der Borderlinepersönlichkeitsstörung als Traumafolge». *Forum Psychoanal* 11(1), 50-61.

SAN BENITO: *La regla de san Benito.* Biblioteca de Autores Cristianos, Madrid, 2000.

SCHULZE, G.: *Die Sünde, Das schöne Leben und seine Feinde,* Fráncfort, 2008. Thierbach, M. (ed.): *Die sieben Todsünden. Sonderausstellung im Diözesanmuseum St. Afra in Augsburg* [Los siete pecados mortales. Exposición especial del Museo Diocesano de San Afra en Augsburgo]. Petersberg, 2016.

Vv. AA.: *La Biblia cultural.* Ediciones SM, Madrid, 1998.

WINDELBAND, W.: *Geschichte der Philosophie.* Tubinga, 1921. [Trad. cast.: *Historia general de la filosofía,* El Ateneo, Barcelona, 1970].

WURMSER, L.: *Scham und der böse Blick, Verstehen der negativen therapeutischen Reaktion.* Stuttgart, 2011.

Índice

Introducción 5

Envidia 9
    Bernd Deininger 9
    Anselm Grün 18

Soberbia 29
    Bernd Deininger 29
    Anselm Grün 40

Ira 49
    Bernd Deininger 49
    Anselm Grün 58

Avaricia 69
    Bernd Deininger 69
    Anselm Grün 83

Lujuria 89
    Bernd Deininger 89
    Anselm Grün 106

Gula 113
    Bernd Deininger 113
    Anselm Grün 126

Pereza 131
    Bernd Deininger 131
    Anselm Grün 147

Conclusión 153

Bibliografía 155